U0840603

东京湾景

Tokyo bay

（日）吉田修一 著　　陆求实 译

文匯出版社

图书在版编目（CIP）数据

东京湾景／（日）吉田修一著；陆求实译．—上海：文汇出版社，2008.4
ISBN 978-7-80741-339-4

Ⅰ.东… Ⅱ.①吉…②陆… Ⅲ.长篇小说－日本－现代
Ⅳ.I313.45

中国版本图书馆CIP数据核字（2008）第038831号

东京湾景

[日] 吉田修一／著　陆求实／译

责任编辑　季　元
装帧设计　镶·红旗图文设计工作室
出版发行　文匯出版社　（上海市威海路755号　邮编：200041）

经　销	全国新华书店	**印刷装订**	上海长阳印刷厂
版　次	2008年4月第1版	**印　次**	2008年4月第1次印刷
开　本	787×960　1/16	**字　数**	169千
印　张	13.25	**印　数**	1—6000

ISBN 978-7-80741-339-4　　**定　价**　23.00元

东京湾景

Tokyo bay

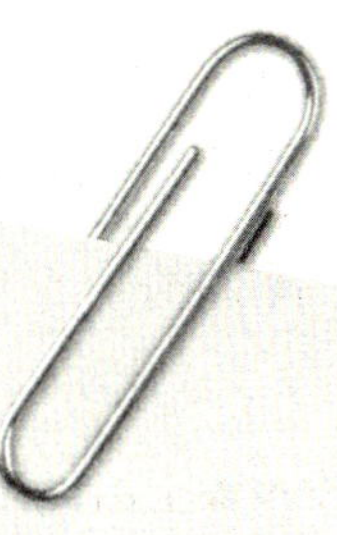

第一章

东京单轨电车

邻接东京湾的货运码头仓库里，没有一丝阳光照射进来。虽然乍看起来就仿佛身处钟乳石洞中一般凉快，但实际上，光是开着装卸车从悬吊在天花板上的巨大的白炽灯下经过，浑身上下就会不由自主地往外冒汗。

和田亮介坐在装卸车的驾驶座上，拼命挥动一把扇子，朝脸颊上扇着风。满屋子的暑气，就像在脸上舔来舔去一样，叫人很不舒服。这时，收工的铃声响起。早在五六分钟前就已作好下班准备，正在无聊地消磨最后一点时间的工人们，从货堆后面三三两两地走了出来，嘴里还不停地嚷嚷着：“啊——总算收工啦！”

亮介将手中的扇子扔给从装卸车前经过的同事大杉信也，大杉动作利落地一把接住，随即瞧瞧满是指纹的扇子，歪着头嘟囔道：“什么东西啊这是？！”

原来糊在扇子上的纸早已破了，只剩下一副架子，后来被人用捆包用的透明胶带黏贴在上面，权作扇面。想必是工人们在仓库休息室里侃大山时，有人实在无聊得难受，便将扇子拿来鼓捣着玩，结果将扇面弄破了，后来不知是谁，用透明胶带粘贴在扇骨上。大概是粘到一半便失去了耐心，所以胶带只贴了半个扇面，另一面黏黏的，因而沾满了无数个分不清是谁的白色指纹。

亮介将装卸车停放在停车区，从驾驶座上一跃而下。双脚着地的同时，脑门上的汗珠子也顺着脸颊直往下淌，淌过他那邋里邋遢戳着胡子茬的下巴，落到地上。

与此同时，大杉也踩着疲惫的步子，“嗵嗵嗵”地登上通往办公室的铁梯。拼命挥着扇子的胳膊早已是大汗淋漓，使得古铜色的肌肉块显得油光发亮。

现在是大热天，工人们谁都不愿意在仓库狭窄的更衣室里换衣服，而是从各自的衣柜里取出装着替换衣服的袋子，然后半裸着身子便向码头奔去。此时，快下山的太阳依然威力不减，工人们便争相躲在仓库库房前的阴影里，挤在一堆换衣服。

工人们的身后，便是东京湾。虽然不时会有巨大的外国货轮停靠在堤岸外，但大多数时候，这里都无遮无拦，视野相当开阔，甚至能够一览无遗地望到对岸的台场。

亮介落在别人的后面来到码头岸边。他一面眺望着沐浴在黄昏金色阳光中的东京湾，一面脱下被汗水浸湿了的汗衫，然后瞥了一眼左腕上手表的时针。这只表还是十八岁生日时，高中的任课老师里见老师送给他的礼物，尽管只是一款造型很普通的潜水表，亮介却戴了它整整七年。和里见老师交往的时候，这只手表似乎戴着有点不习惯，但是随着年岁的增长，它好像已经成为亮介身体上的一个零件了。

亮介将湿透的汗衫塞进拎袋。这时，已经先一步换好衣服的大杉向亮介身边靠过来，问道："一块儿喝一杯再回去吧？反正明天不用上班，你今天晚上也没事吧？"

亮介将眼光从大杉身上轻轻移开。

地上立着一只咖啡罐，拉开来的罐口黑压压地聚集着一大群蚂蚁。

"这么说，你今天晚上有什么事情吗？"

大杉问道，同时用脚尖将空罐子拨倒，然后一脚踩上去。自己的栖身之所转眼变成了高耸的峭壁，蚂蚁们顿时惊慌失措。

"其实也没什么事情啦……"

"那就陪我去喝一杯嘛。你不会告诉我就这么就回家吧？"

"嗯……今天还是算了吧！"

"为什么？你今天怎么变得怪里怪气的，到底有什么事情啊？噢，我晓得了，你是不是搞上什么女人了？……对了，今天是你的生日吧，我记得跟我妹妹是同一天嘛，对吧？"

大杉一面说，一面将踩在脚底下的空罐子一脚踢开。紧紧攀附在空罐子上面的蚂蚁们也一齐飞了出去，只有一只蚂蚁掉在原地。刚才还依附于其上的空罐子竟然刹那间消失得无影无踪，这只蚂蚁心里一定惊恐万分，仿佛被人扔到了另一个世界。只见它忽前忽后，左冲右突团团转的样子，想必已经彻底没了方向。

大杉的两只脚也随着蚂蚁的动作，前后左右来回移动着，嘴里自言自语地说：“蚂蚁这东西，可以当补药吃哩。”

“你说蚂蚁？”

“蚂蚁不是可以搬起比自己重几十倍的东西吗？可见这家伙真的具有某种神奇的力量呢。”

亮介一面听着大杉解释，一面不耐烦地用脚尖将地上的蚂蚁碾碎。

其实，亮介今天晚上有个约会，对方是个名叫“凉子”的姑娘。大约两个星期以前，两人通过手机的短信交友网站相识，而今晚两人将第一次见面。

亮介加入交友网站成为其会员，差不多有一个月了。如果说当初加入交友网站，是因为发生在京都的那桩曾轰动一时的女性网友连续被杀案件，这听起来似乎夸张了点，但细究起来，倒也确实缘起于那桩案件。因为那个后来被逮捕的二十五岁的犯人，不光脸孔长得和亮介有几分相像，而且连神态动作也同亮介如出一辙，于是此事便在办公室里成为大家的话题。刊载着犯人大幅照片的体育报，在办公室和仓库休息室被轮流传看着。当大杉将那张报纸推到亮介面前时，亮介仔仔细细看了好一会儿，跟自己的脸一一对照，却怎么也弄不明白，自己跟这个犯人究竟什么地方相像。从报纸的彩色照片中，可以看到犯人被警察押着登上囚车时的模样：一张被日光晒得黝黑的脸孔，跟他土木建筑工人的身份极为相称，一米八零左右的高个子，染着一头褐发，身穿粉红色的连帽运动衫。

关于犯人，报道中有这样一句描写：“简直是一副得意和嘲笑的神情……”

后来，在电视的时事新闻中以及杂志上又几次看见过犯人的照片。根据杂志报道，犯人供述，他“就是喜欢将女人逼入绝境。”说不清是因为什么原因，这句话给亮介留下了特别深刻的印象。当然，也仅止于印象深刻而已，亮介可绝对没有产生丝毫的同感。

据说犯人在先后杀死通过手机短信认识的女大学生和女职员之后，还若无其事地照常去上班。附近的家庭主妇难以掩饰对这桩案件的惊讶，她们描述说，“每次在路上碰见他，他总是彬彬有礼地跟人打招呼呢。”

或许是因为大杉和其他同事们都说自己和犯人脸孔长得相像，神态也相似，所以，每当电视播出关于这个案件的报道时，亮介总是开大音量，专心致志地收看；而在小饭馆里吃饭时，只要打开报纸看到上面有相关的后续报道，也会莫名其妙地一口气通篇读完，全然忘记饭上的炸猪排早已凉透。虽然各大媒体都将犯人的表情称之为“挑衅的冷笑”，但在亮介的眼里，却怎么看都像是一种“羞怯的笑”。只是，这个年纪和自己相当、残忍地杀害两个无辜女性而激起全国民众愤慨的家伙，在摄像机面前被带上囚车时，究竟因什么事情而让他感到羞怯呢？亮介一点也不明白。

下班回家的途中，顺道前往“海岸浴场”泡上一会儿，已经成为亮介每天必不可少的一项作息内容。所谓“海岸浴场”，其实只是一间极其普通的浴室而已，位于品川码头仓库区和亮介所住的宿舍公寓之间。夏天的时候，亮介会到这里用热水将满是汗味的身体冲洗干净；冬天里，在堤岸边工作一天下来，整个身子被寒风吹得简直有种冻透的感觉，亮介总要在这里让身体好好暖和一下再回到住处。

虽然借住的宿舍公寓里也有洗浴设施，但是地方实在太狭小了，基本上只能蹲在里面，用脸盆往身上泼泼水而已。而如果不能听着“哗啦哗啦”的溅水声，痛痛快快地洗一个澡的话，亮介便总觉得身上好像没有洗干净似的。

亮介骑着助动车，驶过港南大桥来到“海岸浴场”。他先用毛巾擦了擦被汗水和废气弄脏的脸，然后脱掉紧贴在身上的汗衫和裤子。或许是因为时间尚早的缘故，更衣间里没有其他浴客，只有亮介一个人身子赤裸裸地映现在眼前偌大的镜子中，胳膊和脖子以上的部分晒得黑黑的，相形之下后背和胸腹部却显得苍白而不自然。这时，正好有一位年长的浴客从热气腾腾的浴池中出来，用异样的眼光朝站在镜子前的亮介的胸部瞥了一眼，那里有一道烧伤的疤痕。尽管亮介自己早已对它熟视无睹，但是像这样暴露在他人的眼前，那道疤痕便难免显得格格不入而引人侧目了。

亮介将毛巾搭在肩上，正要拉开拉门进入浴池，更衣柜里的手机突然响了起来。他急忙取出手机来看，原来是凉子发来的短信：“今晚七点半的约会请改至八点钟。”亮介立即动作熟练地回信道：“知道了。那就八点钟在羽田机场的候机厅见。”

看看更衣间墙上那只老旧的壁钟，时针还没有走到六点。亮介将手机放回更衣柜，转身跨进热气腾腾的浴池。顿时，周身的毛孔张开，渗出一粒粒大颗的汗珠来。

当初，收到凉子发来“如果想见面，地点最好是在羽田机场”的短信时，一瞬间，亮介心里不禁冒出“莫非这女孩是个空姐？”之类愚蠢的幻想。他满怀期待地发信过去询问，隔天收到了她的回信，却是：“之所以约在羽田机场见面，并不是因为我是空姐，而是因为我平日在滨松町工作，却一次也没有坐过单轨电车[①]的缘故。”

亮介心想对方大概是在开玩笑。倒不是不相信她“一次也没有坐过单轨电车”，而是对她“因为一次也没有坐过，所以想特地坐坐看”的想法感到好笑。

自从登记加入交友网站，每天总有一两个素不相识的姑娘给他发来短信，内容不外乎:“有多少人发短信给你呀？”“你常常开车带人出去玩吗？”“你开的是什么车子？”“你平常在哪一带玩啊？”之类。甚至有一位姑娘根本不管收信人是否方便，竟然在凌晨四点钟发短信过来。亮介以为对方是个性急的人，于是回信约她：“那就见个面吧，”想不到就此音讯全无。

只有一位姑娘答应出来和亮介见个面，不过当亮介依约前往涩谷车站时，苦等了大半晌却始终不见人影。亮介还以为自己搞错了时间或地点，于是发了好几个短信过去，始终不见姑娘回音。结果，亮介在人来人往的车站前足足等了四个小时，最终只好败兴回家。当晚，他实在按捺不住气恼，便发了一则语带责怪的短信给那姑娘。几分钟之后，姑娘竟然回信了，内容却是：

“我想跟你玩一定会很无聊，所以根本就没去。笨蛋！”

收到凉子的短信，则是在涩谷车站前惨遭放鸽子之后的第三天。那阵子，亮介已经几乎不再收到交友网站的姑娘发来的短信，因此他正打算将登记在网站的个人信息删除掉，而恰在此时，收到了凉子发来的短信。凉子的短信，内容与之前收到过的并没有什么不同之处，以“初次通信，请多多指教”开头的文句，也没有特别引人注意的地方。

洗完澡，亮介先回了一趟宿舍，换上新的T恤衫和牛仔裤，随即便出了门。口袋里装着昨天刚从车站前自动取款机中取出的三万日元。

开着助动车来到天王屿车站，再从那里换乘单轨电车前往羽田机场。在约

注① 东京单轨电车－Tokyo monorail：全称“东京单轨电车羽田线”，行驶于羽田机场至东京滨松町之间的一条跨座式高架轻轨线路，全长17.8公里，1964年正式营运。——译者注

定的候机大厅日航公司服务柜台附近，亮介混杂在候机的乘客当中，找张椅子坐了下来。离约定的见面时间还有十五分钟左右。眼前的电子公告屏上，不断滚动播放着带广、小松、大分、南纪白滨等亮介从未去过的地名。

电子公告屏上的时间终于到了八点整。亮介从口袋里拿出手机，给凉子发了一则短信："你现在在哪里？"然后举目环视四周，看看有谁的手机此刻正好响起。就在这时，却看见一名从刚才起就一直坐在对面的女子，急急忙忙地从放在膝盖上的挎包往外掏手机。

不可思议的是，亮介压根儿就没有猜想到眼前的女子会是凉子。虽说两人之间的通信只不过是极其普通的客套话，但通过两个星期来的短信交流，亮介已经在心里大致描绘出一个凉子的模样了，而眼前这个从包里取手机的女子，却和亮介所想像的形象相距太远了。该怎么形容呢，她看上去是一个优秀绝顶的女子，让人一眼见到就情不自禁地打退堂鼓，连奢想一下都不敢。她仿佛浑身生出一丝清澈凉爽的气息，有如夏天摇曳在竹窗帘下的风铃。

这时，亮介的手机也响了起来。他慌里慌张地打开短信一看，上面写道："或许，我就在你眼前吧。"一瞬间，他有一种冲动，想抬起头看一眼对面的女子，但不知为何头颈就是不听使唤。亮介只得低头按键："我穿黄色T恤和牛仔裤。"回过短信，他依旧没法让自己抬起头来。

等了片刻，不见对方短信进来，亮介于是战战兢兢地抬起头，只见对面的女子正愣怔怔地望着自己。

"是……凉子小姐？"

亮介的声音有些发虚发颤，引得周围的人不约而同地朝他看过来。

"你是凉、凉子小姐吧？"

亮介镇定一下自己的情绪，重新问道。

"是，是的。"女子轻轻点了点头。

“我、我从刚才起就一直在这里等你。”

“我也是的。”

“嗯，我知道。”

“哦，我也知道。”

“不过，我现在才知道就是你。”

“啊，我也是。真的没想到是你。”

两人不知所云地交谈了几句，怎么也进入不了对话状态。凉子从椅子上站起身，随后亮介也慢慢站了起来。

“嗯，要不要……喝点咖啡？”亮介指着远处一家咖啡店试探地问道。

“啊，好的。”凉子点了点头。

“我还以为你不会来的……”亮介不假思索地脱口而出，随即又急忙补充道：“哦，不要误会，我、我不是在怀疑你。”

机场内的自助式咖啡小店里人头攒动，挤满了拖着大旅行箱的旅客。好不容易发现了空位，亮介赶紧催促凉子，在一张靠墙的窄窄的桌子两边面对面坐下。

“明天不上班吧？”

“啊？”

刚一落座，亮介便出其不意地问道。凉子似乎毫无心理准备，脸上露出诧异的神情。

“哦，我只是想问你明天是不是休息。”

“亮介君明天不上班对吧？”

“嗯，对对。我周末从来不上班的。”

两人将胳膊肘撑在小小的桌面，彼此的鼻尖都快要碰上了。亮介等凉子在咖啡中加入牛奶之后，才往自己的杯子里放进砂糖。或许是因为彼此十分留心的缘故，两人端杯子放杯子的动作，宛若跷跷板一样，一拿一放，配合得恰到好处。

“亮介君是做什么工作的？之前在短信里好像没有提到过吧。”

“我是……怎么讲好呢，可以说是和船有关的工作吧。”

“和船有关的？不会是赛艇运动员吧？”

“啊？！”

“哦，对不起。因为我的表姐夫就是一名赛艇运动员，所以我才……”

“噢，是吗？”

“一般人是不会往赛艇运动员上猜的是吧？你是不是在想：这个人的脑子会不会有问题？”凉子说着，露出了率直的微笑。

“没有、没有。”亮介倒有点不好意思起来，他把视线移开，同时摇了摇头：“我是在品川码头的货运仓库工作的。”说着，将脸稍稍靠近过来。

“原来是这么个‘和船有关的工作’啊。”凉子笑起来，同时将脸稍微向后挪了挪。

靠近看，凉子的口红似乎稍微有点抹出了唇线以外。涂着橙色口红的嘴唇显得明艳动人，和白色的咖啡杯十分相称。

“有没有人说起过亮介君长得和谁相像啊？”

“我吗？”

“总觉得你好像和某个人有点像，可一时又想不起来到底像谁。”

“应该没有和我特别相像的人吧……不过前一阵子，同事们倒是说起过我和那个犯人有点像。”

亮介说到这里停住了。毕竟，面对一个刚刚认识的网友，“我和那个网友连续杀人案的犯人很相像”之类的话，实在难以说出口。

“哪个犯人？”

“嗯……前段时间报纸上登过的，大概是个抢劫犯吧……”亮介说着，将杯子里剩下的咖啡还有冰块一口喝干。

“一般遇到这种问题时，回答说‘有人说我长得像抢劫犯’的，恐怕亮介君是头一个。”

“我可不是抢劫犯啊！”

“可哪个抢劫犯都不会说自己是抢劫犯的，对吧？”

“那……凉子小姐呢？有没有人说过你和谁相像呢？”

“没有。亮介君觉得我像谁吗？”

“啊、不是，谁也不像。”

亮介脱口而出回答道。恰好此时，四周突然安静下来，于是，亮介的声音在店堂里显得格外的响亮。

拥挤的咖啡店内依旧一座难求。两名公司职员模样的男子手拿盛放着咖啡的托盘，很有耐心地等待着空位。他们的表情看上去疲惫不堪，像是刚刚结束在东京的工作，正要赶回外地，或像是眼下马上将要出差前往外地的样子。站在左侧的那个人，手中的托盘里还盛放着一块草莓蛋糕。看到这个光景，亮介不由有些犹豫，是否要把今天是自己生日的事情告诉凉子，但他最终还是打消了这个念头。

“接下来打算做什么？”

飞往大阪的航班的最后一次登机广播此时正好响起，同亮介的声音重叠在了一起。

“我……今天、不能回去太晚……”

“为什么？”

面对突如其来的告别，亮介试图说些什么以化解尴尬，然而正当他想说：“不用这么急着回去吧？”随即心想：或许是因为她对自己不甚满意吧，于是刚到嘴边的话又吞了回去。

凉子似乎看穿了亮介的心思，赶紧补充了一句："啊，不是那样的。我明天还要打工，要早起呢。"

"早起？几点钟？"

"嗯……明天……四点钟就要起床。"

"四点钟？大清早四点钟？"

"哦，因为我出门做准备动作比较慢，不然的话五点钟起床也来得及。"

"凉子小姐是做什么工作的？是在滨松町上班吧？"

"嗯……我在滨松町车站的'巧仕客'①工作。"

"'巧仕客'？"

"是呀。所以，我今天必须早一点回家。"

亮介实在想像不出，坐在自己眼前的女子站在"巧仕客"店内会是一副什么样的光景，就好比他根本无法想像自己穿西装打领带，从混杂不堪的上班高峰轻轨车中挤出来，然后精神抖擞地在"巧仕客"买一份当天报纸的模样一样。

亮介去服务台买了第二杯咖啡。回到座位后，凉子开始跟他聊起在"巧仕客"工作的点点滴滴。一开始，亮介对这个话题实在没有兴趣，但不可思议的是，通过凉子的讲述，原本毫无兴趣的话题竟然变得令他津津有味起来了，仿佛自己一直就对这个话题充满好奇似的。

"……说起来，'巧仕客'是一个满是零碎钱的世界，对吧？所以，在那里工作久了，有时候真觉得连自己好像也变成了零碎钱，感觉很糟糕。还有，我现在心算的速度可快了，可其实根本没必要这样快的，而且快养成职业病了。有一次，朋友把口香糖拿到我面前，问我'要不要吃口香糖？'我差一点就要脱口说出这片口香糖的价钱来……"

凉子开始动手收拾起桌上的纸巾和咖啡渍。为了能让凉子再多待些时间，亮介故意问道："既然这样，那为什么非要在'巧仕客'工作呢？"

"怎么叫非要在'巧仕客'工作？"

"我的意思是说，肯定还有其他比这更轻松的工作吧？再说早上四点钟起床，实在是……"

"对我来说，早起不是问题，晚上熬夜倒是会要我的命呢。你看，我现在的样子是不是看起来昏昏欲睡啊？"凉子一面说着，一面朝兼作与隔壁桌子隔断的镜子里瞥了一眼。

"没有啊，很健康嘛。"

"这样算是健康吗？不过，说真的，我平常早上四点钟就会自动醒来的。"

凉子的脸色看上去的确有点疲惫。不过，不知道是否还打算继续留下来的缘故，凉子的双手停止了收拾桌子。

"我就不行。"亮介说。

"什么？"

"我是说，我绝对没法在'巧仕客'工作。在车站那样吵闹的地方工作，我肯定会得神经衰弱的。"

"你很怕吵闹吗？"

凉子注视着亮介的脸问道。亮介默不作声地点了点头。

"其实并没有你想像的那样可怕。我倒觉得'巧仕客'里一点也不吵，就好像跟车站的喧闹完全隔离开来一样，说起来真的很奇怪。店里不忙的时候，我

注① "巧仕客"—KIOSK：由日本铁道弘济会于全国轨道交通车站内展开连锁经营的微型售货亭，主要销售书报、香烟、糖果、软饮料等便利商品。1872年日本铁道开通的同时，英国人约翰·布莱克在横滨站、新桥站内设货亭贩卖书报，为铁路站内便利售货店的雏形。1932年财团法人铁道弘济会设立，翌年将全国铁路站内的售货亭统称为KIOSK。——译者注

就呆呆地望着站台，感觉就像在观看无声电视一样，看着大量的人潮从四面八方涌来，我的耳旁却安静得几乎听不见任何声音，那种感觉反而让人不舒服。”

听着凉子的讲述，亮介一瞬间联想起了品川码头。那种关了声音看电视般的感觉不难理解，因为当他站立在仓库成排的码头堤岸边的时候，就曾涌起过这种感觉。

凉子还说，刚开始在“巧仕客”打工时总是手忙脚乱，甚至当客人突然将杂志伸到面前，说“我买一本”的时候，她竟然会吓得跳起来，直到一个月之后才慢慢习惯；两个多月以后，她开始能在众多伸过来的手中接过钞票，然后准确无误地找给零钱；而能够得心应手地招呼并应对那些匆忙换车的客人，足足经过了三个多月。

“看上去简单，实际上做起来还真的很不容易呢。”

凉子一面说，一面像个旁观者似的笑了起来。

走出狭小的机场咖啡店，亮介和凉子乘长长的自动扶梯下楼，走向单轨电车的自动售票窗口。亮介买了两张乘至滨松町的车票，把其中一张递给凉子。

走到站台，刚好发车的铃声响起，亮介赶紧从背后推了凉子一把，两人急急地跳上车。虽说是星期五晚上，可车内乘客却稀稀落落的。亮介把两两相对的四人座位靠窗的位置让给凉子坐，毕竟，当初就是为了让她满足乘坐单轨电车的心愿，两人才特地约在成田机场见面的。

不过，刚才在机场咖啡店里，凉子却一点也没有提及单轨电车。想必来机场的时候已经搭乘过，因而不再有新鲜感了吧。亮介这么想着，也就不再问下去。

车门关闭的一瞬间，整个车身仿佛漂浮了起来。转身看看坐在身旁的凉子，只见她正将前额贴在车窗上，目不转睛地看着空无一人的站台。亮介用手指轻轻戳了戳凉子的背脊，凉子“啊？”了一声转过身来。亮介问道：“那个……到了滨松町后，我们可不可以再多聊一会儿？”

大概是一直贴着玻璃窗的缘故，凉子的额头上黏着几跟头发。此时，她身后的站台开始缓缓向后面退去，随着车速渐渐加快，转眼间电车便驶入了昏暗的隧道。

车内响起下一站将达到新整备场站的广播时，凉子又把前额贴在车窗上，专注地望着窗外，尽管外面漆黑一片什么也看不见。玻璃窗上映出凉子的脸庞，亮介从她身后偷偷望着那张脸庞，口红稍稍抹出了唇线以外的两片嘴唇，看起来就像鲜嫩多汁的水果一样。

“真的就这样回去吗？”

亮介朝着车窗里的凉子问。

“对不起，因为我明天还要早起……”

有那么一瞬间，两人的视线在玻璃窗里交汇了，可凉子依旧头也不回地答道。

“是不是……因为我不是你喜欢的那种类型？”亮介小声问道。

“不是那样的！”凉子突然挺直了背脊转过身来，同时动作很大地摇着头。

“既然这样，再多聊聊也没关系吧？”

“我不是说了吗？明天一大早……”

“那也未免太奇怪了吧。”

“怎么奇怪了？”

“你不是为了那个才来的吗？”

“什么？”

对于亮介不经思索说出来的话，凉子似乎生气了，她往旁边挪了挪身体，与亮介拉开了一些距离。

“不是这样吗？就是因为想做那件事，你才回短信给我，才答应和我见面的，我没说错吧？既然你并不讨厌我这种类型……”

亮介的话已经变得几无分寸。尽管看到车窗里映出的自己的表情正在逐渐狰狞起来，但他却控制不住自己的嘴巴，于是，恶言便不顾三七二十一地夺口而出。

“你在说些什么？！”

凉子不满地噘起小嘴巴，那两片橙色的嘴唇看上去也变得让人讨厌了。

“难道……”

“难道什么？”

随着亮介的语气越来越尖锐，凉子的话里也开始透出一股凉气，冷飕飕的。

“难道你不觉得奇怪吗？要是今天就这么坐车到滨松町，然后什么结果都没有就拜拜了，那又何必出来见面呢？”

“这么说，亮介君就是为了做那件事情才出来见面的吗？”

“啊？”

“你不是已经不打自招了吗？！”

“你这样说的话，那你自己还不是一样……”

电车快速行驶在幽暗的隧道中，车窗上浮动着两人的身影，可以看到，四只眼睛正彼此瞪视着。

“我不是你想的那样……”凉子轻声说。

“那你到底为什么和我见面？”

“因为……”

此时，眼前视野突然开阔起来，原来电车已驶出长长的隧道。窗外，灯火通明的机场夜景透过玻璃窗跃入眼帘，宽阔的飞机跑道两旁成排的红色、橙色、绿色信号灯齐齐闪亮，将停在航站楼前的客机照射得熠熠发光。

亮介的目光不由自主被眼前的美景吸引，凉子也顺着亮介的视线朝身后看去，在她的颈项上，长着一颗小小的黑痣。

“如果你来的目的只是为了那个，那去歌舞伎町[①]不就得了？”凉子一面欣赏着美丽的机场夜景，一面冷冷地说道。

亮介一时语塞，答不上话来。于是，凉子转过头盯着亮介的脸，继续说道：“是不是？如果你只想做那种事情的话，去那种店里不就行了吗？……我可不像你，我不是只为了那种事而来和你见面的。”

面对凉子直视而来的目光，不知为什么，亮介就是无法将自己的视线躲开。

“那、那你到底是为什么才来的呢？”

亮介低声咕哝了一句。

电车开始减速，缓缓驶入了新整备场站的站台。

电车从昏暗的京滨运河沿岸经过时，重新加快了速度。一艘货船行驶在河面上，被船头劈开的水面留下了V字形的波纹。运河对岸是规模庞大的八潮住宅小区，从无数的窗口里参差地透出连绵不尽的灯火，将整片夜景都点缀了起来。

“对了，我想问问你：第一次乘坐单轨电车感想如何啊？你来的时候已经坐过了吧？”

两人之间沉默了许久，谁都不开口。凉子一直就坐在窗边眺望着外面的景色，而亮介则一会儿将跷着二郎腿的双脚来回倒换，一会儿装模作样地干咳几声，显得十分心神不定地坐在凉子旁边。终于，亮介忍不住挤出一句话来打破沉默，因为即使下了车两人可能再也不会见面，但像这样一句话也不说一直乘到滨松町，也实在太让人感觉难受了。

注① 歌舞伎町：位于东京新宿区的日本最著名的娱乐区，各种色情服务场所夹杂其间。——译者注

“刚才来的时候已经坐过了吧？”见凉子没有回答，亮介又问了一遍。

凉子慢慢将前额从玻璃窗上挪开，爱理不理地答道：“没有，我来的时候乘的是京滨急行线。”

“啊？”

“我是说，我是乘普通的轻轨电车来的。”

“那、那你现在才是第一次坐单轨电车吗？”不知为什么，亮介变得有点手足无措起来。“我还以为你刚才是坐单轨电车来的。为、为什么不坐单轨电车来呢？”

“……因为，回去时乘坐的话，我们就能一起坐了啊。”

凉子的回答再也普通不过，好像很理所当然似的。然而，这句再也普通不过的话，不知为何却让亮介感到有股热流在胸口涌动。

“真是的，那、为什么不跟我说？”

“说什么？”

凉子转过身来。或许是靠在车窗上时间太久的缘故，前额上留下了一块红印。

“告诉我你现在第一次坐单轨电车啊。”

“告诉你又怎么样呢？”

“怎么样……一般碰到这种情况都会说出来的吧？比如在买车票时说声：‘哇！今天总算要坐单轨电车啦！’是不是？一般人都会说的啊。”

“才不呢。亮介君第一次乘坐西武池袋线的时候，也会‘哇！’的一声，在售票窗口雀跃不已吗？”

“可我是男人啊，当然不会那样……”

“女人也不会那样说的。”

“可是……说起来，当初就是因为你想坐单轨电车，所以我们才会约在成田机场见面的，对吧？”

“是啊。”

“所以嘛。”

“所以什么啊？”

“所以……所以说，要是你告诉我说这是你第一次坐单轨电车，我也可以……怎么讲呢，我也可以让你更加开心一点啊。”

亮介也不知道自己究竟想说些什么。不过有一点是很清楚的：凉子今天难得初次坐上单轨电车，自己的表现却好像有点对她置之不理，没能让她彻底开开心心的。一想到这，亮介心里某个地方就觉得一阵阵的刺痛。

电车快要驶入天王屿车站了。轨道两旁的超高层写字楼中，有不少身穿白衬衫、袖口卷起的男人们，抱着文件，快步穿行在办公桌间。

“啊，对了！从电车上可以看到我住的公寓哩！是公司的员工宿舍。再往前开一点就可以看到了。”

亮介好不容易将话题岔开。

凉子愣怔怔地望着他。

电车缓缓开出天王屿车站。

“亮介君就住在这附近吗？”

“嗯，是啊。”

就在一两分钟之前，亮介还在犹豫自己要不要在天王屿站下车，然后骑上助动车一走了之，让她独自一人回滨松町去呢。

“哪一边？”

“嗯？”

“从哪一边的车窗可以看到亮介君的公寓啊？”

凉子目不转睛地看着他。于是，亮介慌里慌张地抓起凉子的手：“这边，从这边可以看到。”说着，将凉子拉到了另一侧的靠窗座位。

两人举止唐突的行为，遭到了其他乘客的白眼相向。或许是车内日光灯照射的缘故，每个人看起来都脸色发青，透出不满的神情。

四人座位的另一边，坐着一位中年妇女，膝盖上放着一只纸袋。亮介把脸贴在车窗上，同时叮咛凉子：“要注意看噢。一下子就开过了，不注意的话就看不到了。”玻璃窗因为车内冷气过低的缘故，变得冰冷。

“知道知道。”

受亮介情绪的影响，凉子也慌忙地将脸紧贴到车窗上。

亮介从后面扶着凉子的肩膀，使两人的身体紧紧靠在一起。因为只有这样，才能让凉子更加清楚地看到。

坐在旁边的中年妇女脸上露出疑惑不解的神情，但她还是将靠窗的位置，让给了这两个脸紧贴车窗的人。

“啊，不好意思。”亮介很有礼貌地低头道谢。

电车驶出天王屿车站之后，便沿着海湾大道行进。海湾大道上奔驰着一辆辆重型卡车。每天来往于堤岸边的码头仓库，亮介就是骑着助动车经过这条道路的。道路两旁排列着许多仓库，其中有不少已经空关，只等有下家来接盘。由于路上大卡车吐出的黑烟常年不绝，使得交通指示牌、道路两旁的护栏、自动售货机等等，凡是映入眼帘的东西，无不覆盖上了薄薄的一层污渍。每当有重型卡车从身旁疾驶而过时，两眼和喉咙便被车后排出的废气呛得发痒；遇到红灯停车时，柏油路面蒸腾而起的强烈热气，则会熏得人下巴都发烫。

“还没到吗？”

玻璃窗里映出凉子的脸孔。橙色的嘴唇紧挨着玻璃，眼看就要贴上去了。

“就快到了，你要注意看噢。”

电车进入港南的中洲地带之后，缓缓地通过仓库群的上方，在楼宇之间穿梭而行，再从小小的儿童公园上空行驶而过。公园中无人游玩的秋千兀自摇荡着，平日一直可以看到的流浪汉也不见踪影。白天，出没这里的流浪汉只是看上去显得脏兮兮而已，并不会给人以不快或恐惧的感觉。甚至有时当他们站在黄色的松鼠石像旁，竟然会像小松鼠一般，让人觉得有几分可爱。然而到了晚上，感觉就完全不同了，流浪汉与小松鼠之间的巨大差异，会让人心里发毛以至浑身发抖。

“马上就到了！准备好了吗？”

亮介说着，情不自禁地将手指压到玻璃窗上，指尖的油渍在窗上留下了一层白迹。倏地，亮介想起了扔在装卸车上的那柄沾满指纹的扇子。

大概是紧张的心情传递给了凉子，凉子稍稍往上抬了抬肩膀。

已经看到了从巴士站通向宿舍的那条小道，经常买罐装饮料的自动售货机也从小巷中冒了出来。

“啊，快看！那个绿色的屋顶！”

“嗯？哪个？”

“那个那个！快，快看！”

凉子的目光拼命地追逐着从车窗底下转瞬而过的仓库群。

“看到了吗？就是那个！”

此时，凉子的视线正好同亮介手指的地方相合在一起。

“是那个吗？”

“对！就是那个。”

那是一幢夹在仓库群中的木造公寓。公寓二楼的一个窗户，透出一盏灯光。电车距离公寓最近的时候，可以看到有个人影在灯光中晃动。

“那是大杉。”

“嗯？”

“大杉是住在我隔壁房间的同事，那个人影一定是他。”

大杉的身影看起来像是正在收拾晾在窗边的衣物。

此时，通往芝浦码头的铁桥出现在眼前，不一会儿，公寓就消失在了仓库的巨大屋顶后面。

把脸从车窗上挪开，窗上便映出了被日光灯照得通亮的车厢内的光景。

亮介再次向让座位给自己的中年妇女谢过，然后拉着凉子的手，又回到原先的座位。凉子的两颊泛着淡淡的红晕。真是不可思议，只不过是从电车上俯视自己借住的公寓，竟会让人感觉如此兴奋。

“真的可以看到呢！”

坐下之后，凉子微笑着说道。看来她的心情也带着几分兴奋。

“我们刚才到底是在做什么啊？”亮介有点难为情地笑了笑。

“亮介君就是生活在那里的？”

凉子依旧追逐着窗外飞逝的景色，似乎还有点恋恋不舍，但她的声音却很平静。

“嗯，是啊。我在那里已经生活了五年了。”

“真好啊。”

“什么真好？”

“可不是吗？能够从这么高的车上，俯视自己到底生活在什么样的地方，这可是一种幸福啊。”

“是吗？”

“是啊。”

电车在芝浦与下行的东海道新干线合流并行，然后缓缓减速，静静地滑进终点站滨松町。

两人在JR线的检票口道别。一直到最后，亮介还是没能把今天是自己生日的事情告诉凉子。

第二章

品川码头

雾气朦胧的窗外，飞旋着片片雪花。这是今年的头一场雪，虽说只是一场细雪，积不起来，但是四下一片雪白的景象，已经足以令街道变得静寂下来。

不知是因为店内开着暖暖的空调，还是因为喝了不少泡菜火锅底汤的缘故，亮介从刚才起就一直感觉身上痒痒的，刺挠难忍。他心想，要是现在能脱掉毛衣，只穿一件汗衫跑到外面去，让润物无声的细雪飘落在热热腾腾的肩膀上，在肌肤上留下无数透明的水渍，该是多么的惬意啊。

此刻，亮介一面品着“千寿”与“万寿”[①]的差异，一面煞有介事地点点头，喉咙口发出“嗯嗯”的好像很有心得的声音。大杉从洗手间回来，见亮介这副样子便凑到他跟前，脸上的表情仿佛在问：“怎么样？”于是亮介装模作样地回答道：“啊，真的不一样。”

“你倒说说看，怎么个不一样？”

“怎么不一样嘛……”

“这个喝起来口感更加柔和一点是吧？”

“哎，你说哪个？”

“喂！……你到底是真晓得还是假装晓得啊？重新来过，再喝一遍！”

“不喝了行不行？求你了。”

亮介嘴里这么说，可还是顺从地接过大杉递过来的酒杯，呷了一口，随即又将嘴凑到另一只酒杯上。或许因为有人告诉说两者口感不一样，所以就真的感觉不一样；又或许是因为自己心里认为它们不一样，所以喝起来才会感觉不一样吧。

几年前，电视里曾播放过一则速溶咖啡的广告，打出的广告语是：“做个识货的男人”。当时还是高中生的亮介，问里见老师：“怎样才能做个识货的男人？”里见老师把一条运动式短裤，扔给没换下学生制服便盘腿坐在沙发上的亮介，笑着回答：“凡事不光要知其然，还要知其所以然。”

亮介脱下制服倒在沙发上，然后粗鲁地将两脚向上翘成V字，将短裤套上，里见老师则在一旁看着他。

亮介又脱下袜子团成一团，扔向里见老师。老师反应敏捷地接住，凑近鼻子嗅了嗅，皱起了眉头。

“老师你过来，我想亲你。”

亮介敲着沙发的侧沿嚷嚷道。里见老师脸上露出一副惊讶的表情，随即转身躲进里间的卧室。

里见老师是亮介的英语任课老师。亮介高中毕业后不久，两人便开始了同居生活。因为亮介本来就没想过上大学，他只想尽早地自食其力，凭借自己的力量谋生，攒下钱后找个女人一起过日子。期望早日离开父母自立，倒不是出于对双亲的不满。事实上，亮介经常利用休息日的闲暇时间，和在一家颇具规模的制药公司从事销售工作的父亲一起去野外飙摩托，过上一把瘾；每逢母亲节，也总不会忘记买上一束康乃馨，送给在附近花店打工的母亲。他这么做绝对不是流于形式，而是出于真心。亮介觉得，自己可能是因为羡慕父母亲恩爱的婚姻生活，所以才会急急地想早日闯入两人的世界。

“为什么缠着我家亮介？他还是个孩子呢……”

当得知事情的真相后，母亲曾前往里见老师的住所会了她一面，结果忍不住说出这样的话来。因为里见老师的名声不太好，甚至有不少女学生私底下津津乐道地议论她，说她在以前的学校就曾跟男生出过事。

亮介不顾双亲的反对，还是跟里见老师同居了。结果，这段同居生活不到一年就告吹了，里见老师某一天突然从公寓“蒸发”了。那天正好是她的生日，

注① “千寿”与“万寿”：都是日本的清酒品牌名，同为“久保田造酒公司”生产。——译者注）

下班回家路上，亮介特地买了只生日大蛋糕。然而走进家门，迎接他的却是漆黑的空屋，里见老师不知所终，只带走了她自己的行装。

和里见老师共同生活、位于所泽市的公寓里，有一个还算宽敞的浴室，四壁贴着粉红色的瓷砖。刚开始同居的时候，两人几乎每天晚上都会一同入浴。然而，汽车工厂的三班倒作业很快就让亮介疲惫不堪，拖着倦怠的身体回到家后，别说和里见老师一同入浴了，就连自己单独冲个澡都嫌麻烦。

“快去洗把澡吧，这样睡起来会舒服些的。”

见亮介连袜子都懒得脱，回家便倒头入睡，每次里见老师总是闷闷不乐地数落道。这时如果亮介不耐烦地回几句嘴，两人之间准会爆发一场口角大战。

“让我先躺一会儿。等一下就会去洗的啦。”

“说是这么说，可每次还不是一躺下去就睡到早上？”

“我和老师不一样，我正在长身体呢，所以每天都睡不够啊！”

自两人同居以来，亮介一直以老师的名字“和子”来称呼她。而此时称呼她为“老师”，则是隐含着一层“你别来管我”的意味在里面。

“别忘了，我们可是说好的……”

里见老师的语气里略带着失望和伤心。亮介却赌气似的在床上重重翻一个身，将后背对着老师。

“喂，裕子她们也来得太晚了吧？”

亮介正出神地望着窗外的景色，听到大杉这样说，便拿起放在桌上的手机，瞧了眼屏幕上的时间显示：约定的时间已经过去半个小时了。

“她们会不会找不到地方啊？”

大杉一面从早已冷透的泡菜火锅里将剩下的猪肉舀出，分装在小碗里，一面担心地自言自语道。

“那我打个电话过去吧。”亮介说着，按下了真理的手机号码。

电话里铃声响起的同时，店门“呼”地被推开了。亮介来不及将手机从耳朵旁拿开，忙朝寒风吹来的方向望去，正是裕子和真理。只见两人用围巾遮住下半张脸，哆嗦着身子跨进店门。

“这里！这里！”

大杉大声喊道。于是两人互相推搡着，从其他客人的后背与后背之间挤了过来。

“对不起啊，来晚了。”

“找不到地方吗？”大杉挪动身体让出一个位子来，同时接过裕子的围巾。

“啊不不，地方倒是很好找，不过……因为下班直接过来稍稍早了点，所以真理她……”

“怎么是我啊？我还跟你讲会来不及的呢。”

“你嘴上这么讲，可是人家约你，你也没有拒绝啊。”

“可是，我以为最多迟到一刻钟吧……”

两人慢吞吞地脱下大衣，同时互相推诿着迟到的责任，可说了老半天，偏就是绕开关键的事情不说。送擦手热毛巾的服务生强耐着性子，站在她们身后干等着。

“你们去哪里了啊？”

听到亮介的问话，裕子和真理两人齐刷刷做出一个准备跃入泳池的动作，双手直直地伸向亮介眼前。

“干什么嘛？”亮介下意识地将身体往后一缩。

“瞧呀！没看出什么名堂吗？”

裕子提醒道。可是亮介歪着头又看了两眼，依旧一脸茫然。

“怎么还看没出来？美甲沙龙！明白了吧？”

就在裕子提高音量说话的同时，她身后的服务生显然等得失去了耐心，往前探过身子将热毛巾放在桌上，转身便走了。

经裕子这么一说，亮介这才发现，眼前二十根手指上的指甲果然是艳丽多彩，在灯光的照耀下闪闪发亮。

裕子是大杉的女朋友，通过裕子的介绍，亮介和真理也成了一对儿，至今已差不多有两个月了。不过，两人虽然也曾单独约会过几次，但亮介总感觉似乎不及像这样和大杉、裕子在一起的四人聚会来得轻松愉快。记得第二次约会，两人去观看一部印度电影《雨季的婚礼》。或许是电影不太精彩的缘故，回家的路上，亮介将自己的那种感觉毫不掩饰地告诉了真理。出人意料的是，真理似乎也有同感。她提议道："既然这样，下次我们就四个人一起聚会好了，正好大杉和裕子两人也开始有点倦怠了，我们就算帮他们一把吧。"

亮介听了之后连忙解释："我并不是说不想和你单独见面啊。"真理笑答："我知道。与其看这种肉麻得叫人腻烦的印度电影，还不如欣赏裕子他们小两口的拌嘴呢，对吧？"

真是个通情达理的女孩啊，亮介心想。可不知为什么，他凝视着真理那张端庄漂亮的脸孔的侧影，心头却怎么也激不起更进一步的情愫。

先前点的啤酒送了上来，而早舀光了菜的泡菜火锅则被撤下桌子。真理率先端起酒杯，说道："来，先干一杯再说。"亮介和大杉随即也各自举起了手中盛有"千寿"和"万寿"的酒杯。

"为了什么干杯呢？"裕子问道。

大杉一瓢冷水泼过去："随便啦。"

"难道没有什么值得庆祝的事情吗？"

"哪里会掉下来那样的好事啊？"

"真是的……这种时候，要是有人说几句制造气氛的幽默话，那才叫浪漫哪！”

“你说什么啊？什么浪漫那不浪漫的！”

“我是说，希望有人懂得女人的感情，讲点情调……”

眼看大杉和裕子又要开演一场没完没了的斗嘴，真理似乎实在耐不住性子了，她连忙截住裕子的话头说道：“那就让我们为外面的飞雪干杯吧！”说着，举杯相碰。

真理和裕子从考进大专读书起，就是一对死党，毕业后还曾在同一家公司工作过一段时期。当初将真理介绍给亮介的时候，裕子告诉他说：“真理长得很漂亮喔，可就是好像跟男人没缘分，老是遇人不淑。”大杉则在一旁打趣道：“我看她就是因为缘分都长到脸上去了，所以跟男人就没缘分了啊。”

从那以后，亮介和真理差不多每个周末都会见面。不过，亮介从来没向真理打听过她以前曾跟什么男人交往。并不是亮介丝毫不介意，而是根据裕子的介绍可以想像到，对方的回答不外乎“第三者”、“花心男人”之类老掉牙的词语和一些司空见惯的失恋故事。亮介想，如果真理率直地这么回答的话，那么，自己保不准会因此而把她看作那种过于放得开、不知自重的女子。所以，亮介干脆就一直不去探究。

不过，每当想到自己搂在怀中的是个“跟男人没缘分”的美女，亮介便会情不自禁地涌起一种莫名的兴奋，使得他沉迷在同真理的做爱中。或许正因为对真理没有爱，做爱时也不需要过多的言语交流，因而仅靠着汗水、唾液和精液，似乎就可以迸发出无穷的激情和热量。抱拥着真理的时候，亮介的眼前有时会浮现出一幅可怕的光景，那是海水枯竭了的东京湾，海底赤裸裸地曝晒在日光下，有如一片废墟，绵延无尽头。

亮介心想，自己终究会喜欢上真理的吧。不过，这样想的根本原因是因为，与其对她没有爱，慢慢对她产生厌烦，还不如喜欢她来得更加简单，不会有任何麻烦。或许是因为有了这种说起来不太纯洁的情感在作怪，两人之间的状态似乎总有点尴尬，不是出于“想在一起”的念头而在一起，也并非“不得不在一起”，而仅仅是因为“恰好碰在一起”。

四人起身离开居酒屋时，外面的雪已经停了。大杉和裕子在柜台结账，亮介和真理两人先行走出了店门。脚下的柏油路被雪濡湿后，看上去就像夜空一样的幽远。

亮介朝夜空吐出一团白色的气。一旁的真理则像是要将它吹散似的，也跟着呼出一大口气。

“你知道为什么一到冬天，呼出来的气就会变成白色的吗？”真理靠过来挽着亮介的胳膊，亮介问道。真理用的香水，和以前里见老师的香水同一个牌子。

“这个问题的答案是不是很罗曼蒂克？”

“你问这个做什么？”

“要是答案很罗曼蒂克的话，我想我大概就要重新补一下口红了。”

“为什么？”

“因为，答案揭晓之后，接下来就应该是接吻了吧。”

此时，大杉和裕子走出居酒屋，正从楼梯下来，一阵笑声抢先传了过来。亮介就势转身，将目光避开真理。

“喂，前面两位小情侣，接下来一起儿去卡拉OK吗？”

裕子吊着大杉的胳膊从楼梯上走下来，朝亮介和真理两人喊道。亮介和真理不禁面面相觑。

“怎么办？去不去？”两人异口同声地问，吐出的气息在空气中混杂成一大团白色的雾气。

“跟那两个人一块儿去卡拉OK，准会没完没了不知啥时才能结束呢。”

“是啊，唱起来没完没了，而且麦克风也轮不到我们……”

裕子已经下了楼梯，冷不防用肩膀撞了一下亮介。亮介赶忙说：“我看我们两个今天还是不去了吧。”

“为什么？反正真理今天也不回去，住在亮介君的屋里吧？”

“是这样……”

“那不就行了吗？反正我今天晚上也住在你们隔壁。”

亮介和真理相互对视着，那眼神似乎在问对方：“你说怎么办啊？”

大杉见状，笑着打圆场道：“亮介是想赶快回去做那个啦！”他抓起裕子的手说：“那就我们两个人自己去唱呗！”

裕子依旧不死心：“可我这阵子听不到亮介君唱‘Stand by Me’的话，感觉就好像没去卡拉OK唱过呀。”

“那我唱给你听吧。”

“你能像陈美龄那样，用像日语一样的英语唱吗？”

“什么什么？！像日语一样的英语？”

“我是形容亮介君的蹩脚英语啦。”

看着大杉抓住裕子的手离去的背影，真理脸上露出抱歉的神态，问亮介：“怎么样？要不要跟他们一起去？”

“还是算了吧，叫他们自己去好了。”说着，朝渐渐远去的两人背影喊道：“喂，我们先回去啦！”

“我们回家后可要来骚扰你们的噢！”

裕子留下一声脆亮的叫声在原地回荡，两人的身影却已经消失在了街道拐角处的自动售货机后面。

“那两个家伙，大概会一直唱到天亮吧……我们就这样不给他们面子，想想心里还真觉得有点不是滋味呢。”

真理站在亮介身边，望着两人远去的背影，略带伤感地说道。

从品川车站港南出口走回亮介和大杉居住的公司宿舍，大概需要二十来分钟。同耸立着王子饭店、艾美酒店等高层建筑的高轮口一侧不同，港南口一侧的街景就像它的名字一样，能够让人一下子就感觉到海的气息。不过，从几年之前开始，港南口外也陆续建起了品川城际大厦、V-TOWER等超高层建筑，使得车站这一侧的景观也一变而逐渐具有了现代感。

亮介住的宿舍，就建在高滨运河与京滨运河相夹而成的中洲地带，打开窗户抬眼一望，就能看到通往羽田机场的单轨电车以及东海道货运铁道的轨道线路。中洲的前方，就是亮介他们工作的品川码头，中洲与品川码头之间，通过一座漂亮的大桥港南大桥将两处连接在一起。

亮介是从求职杂志上看到招聘广告的，随即打电话给这家公司，然后便依约来参加面试，那是亮介第一次到品川码头。走在海湾大道上，亮介直觉得自己的身体在一点点缩小下去。宽阔的海湾大道上空无一人，只有装载着集装箱、发出隆隆噪声的挂车时不时地疾驰而过，道路两旁则矗立着一排排巨大的仓库。就连安置在道路旁的自动售货机，看起来也比一般的机体要大一号。站在这里，若不是疑惑自己来到了巨人的国度，便只能惊恐自己一瞬变成了一个小矬子。

从高轮口进站，穿过品川车站的站舍，亮介和真理便来到了港南口一侧。亮介刚要朝出租车扬招点走去，真理拽住了他的胳膊："哎，我们走回去吧。"

"走回去？好冷的天噢。"

"没问题啦，路上买罐热咖啡什么的就可以了啊。"

"我倒无所谓……"

"那就这么决定啦。"

一辆出租车大概是看到了亮介他们走近，于是司机将车慢慢靠过来，打开车门，但随即又闭门而去。

从港南口前往中洲地带，途径旧海湾大道，中间还要越过御楯桥。车站前一间挨一间地聚集着许多低档的酒馆，家家店门前悬挂着红灯笼，那还是以前因港湾业繁荣而带动这一带热闹兴盛起来时的遗迹。不知从何时起，狭小的道路两旁冒出来许多韩国式按摩院。亮介刚刚到品川码头工作时，这里一到晚上十一点，便成了门可罗雀、不见人影的冷清之地。而现在，即使是在深更半夜，仍然可以看见拉客的女郎站在寒风中，用不知是来自哪国的语言殷勤地向路人搭讪，整条街道都能听见她们高声的嬉笑。听大杉说，如果不是常客的话，还享受不到她们的特殊服务呢。亮介虽然想像不出大杉到底希望享受什么样的特殊服务，但与自己仅隔一壁而居的大杉，应该不会有什么怪异的癖好吧。

亮介一次也没有去过这种店。因为他知道，一旦进去，恐怕就会从此身陷其中，难以自拔了。从小，亮介就不懂得适可而止，下到泳池里玩水，他会一直玩到嘴唇发紫才上岸；吹气球的时候，也一定要吹到气球爆掉才肯罢休。对亮介来说，静心抵挡某件事情的诱惑并不难，可只要跨去出一步，就很可能身不由己，把握不住自己了。

亮介和真理穿过拉客女郎们驻足的小巷，来到车流较多的旧海湾大道。蓦地，真理将挽在亮介胳膊里的手抽出，从提包里取出手机。亮介还以为她要给谁打电话，只见真理翻开机盖，瞧了瞧显示屏问道：“哎，你打过我电话吗？”

“没有啊。”亮介摇了摇头。

“可是……你看，打过的嘛。”

真理将手机递到亮介眼前，亮介一看，果然上面留有自己的名字。“啊，对了，是打过。”

“什么事？”

“哦，没什么事情。因为你们晚到了，所以我想打个电话联络一下的，刚好看见你们走进店来，我就挂掉了。”

“噢，是这样啊。”

对面的信号指示灯由红变绿，两人准备横过马路时，真理重新靠过来挽住了亮介的胳膊。原来她并没有打算给谁打电话。

穿过马路，便是横跨高滨运河的御楯桥桥堍。夜空倒映在运河的水面上，两岸参差耸立着汽车轮胎及精密机器的广告牌，上面的文字在河面轻轻摇曳，看似清晰可见却又诡异难辨。

桥上寒风刺骨，亮介和真理两人一语不发，勾起身体，快步走着。越过大桥来到中洲后，立即就能感受到大海的气息，连风中也交混着海水的气味。

来到十字路口的自动售货机前面，亮介停住了急促的脚步，他用冻僵的手在口袋里摸索着，掏出袋里的零钱。

“你要咖啡还是红茶？”亮介回头问道。

真理双手依旧插在大衣口袋里，只用下巴朝自动售货机努了努：“要那个，玉露绿茶。”

“哪个啊？”

“就是那个呀。”

真想不到，仅仅一罐热咖啡放进口袋里，全身竟然一下子就感觉到温暖起来了。

“哎，有件事情我一直想问你……亮介的心里，是不是老想念着一个人，永远也无法忘记？”

两人正各自怀揣一罐热饮料，身体感觉暖烘烘的，走在一片昏暗的住宅小区内时，真理突然开口问亮介。

“怎么突然问起这个来？”

“一定有的吧？”

亮介避开真理的目光，从口袋里拿出咖啡往脸颊上焐着。

“哎，你为什么愿意和一个你并不喜欢的人交往呢？”

“嗯？”

亮介将焐在脸颊上的咖啡重又放入大衣口袋。

“我并没有责怪你的意思，纯粹是好奇问一问而已，请你照实告诉我好吗？”

真理学着亮介的样子，把绿茶从口袋里取出，轻轻贴在脸颊上。

“那种事情问它干吗？”

亮介不顾停在原地的真理，独自迈开步子往前走去。

“我不是说了吗？只不过是出于好奇而已呀。”

真理从后面追了上来，和亮介并肩走着。两人走在昏暗的人行道上，隐约可见前方亮着稀疏灯光的自行车停车场，里面黑压压的停放着许多自行车。这个毫无声息的住宅小区内，竟然居住着这么多人？想到这里，亮介禁不住脊背一阵发凉：在那一扇扇窗户的背后，这些自行车的主人们，不知此刻正在做什么？

“为什么亮介君不愿意说说自己的事情？活了二十五年，总不至于没有什么事情可说的吧？难道你是昨天才从石头里蹦出来，一点回忆都不存在？”

亮介心里明白，真理是在刻意装出轻松开朗的语气，以期冲淡正在逐渐变得生硬不自然的气氛。

“我也不晓得该讲些什么才好啦。”亮介看着故作轻松开朗的真理，略略觉得心中有愧，同时又觉得真理有点可怜，便也佯装轻松，勉强露出一丝笑脸回答道。

“说什么都可以呀，自己想到的事情，自己思考的事情，等等。”

“讲是这样讲啦，可是……”

“总不会说你什么事情都没想过吧？每天总会思考一些事情吧？把它用嘴巴说出来就行了嘛。”

面对真理盯过来的目光，亮介不由得把视线移开去。没错，一个人总不会毫无所思毫无所想的，自己肯定每天也思考过不少事情。可是，一旦要用语言将它们表达出来，亮介便觉得实在词不达意，仿佛完全走了样。虽然自己不曾思考过什么了不起的大事情，就算走样也无妨，不过，亮介有时却不免会产生这样的疑惑：能够准确无误地表达出自己所思所想的日本语，或许根本就不存在吧？亮介当然不会说英语，更不会说法语，那么，自己究竟是用什么语言在思考的呢？他甚至想，也许自己像头狼一样，用“嗷——嗷——！”的吼叫声，反而能让内心的想法更好地表达出来。

“反正……我就是不晓得讲什么才好。”亮介断然地说。

或许是他的口吻太过生硬，一直盯着亮介的真理愣怔了片刻，随即皱起眉头，啼笑皆非地嗔怪道：“真讨厌！”

走出这片住宅小区，两人来到通往品川码头的大路。这里道路宽阔，双向共有六条车道。亮介住的宿舍，就在这条大路前方，那片昏暗的仓库群中。

已近夜半时分，此时路上几乎没有车辆通行。鳞次栉比的仓库，全都紧闭着卷帘门。看着看着，亮介竟然突发奇想，想像着这些卷帘门就像狼一般，蹲踞在马路对面，张开大口，“嗷——嗷——！”地吼叫的样子。于是，他情不自禁地咧嘴笑起来。

“你在笑什么？”见亮介突然窃笑，真理脸上露出诧异的表情问道。

“啊，没什么。”

亮介硬生生地将咧开的嘴角收了回去。

“亮介读高中时，跟英文任课老师谈过朋友吧？”

“啊？！”

“对不起，是裕子告诉我的。裕子大概也是从大杉那里听说的吧。”

亮介正欲跨越横道线的脚步不由自主地停了下来。路上没有车辆行驶过来，可是信号指示灯却性急地闪烁起来。结果，还是真理挽着亮介朝前迈出步子。

“莫非，这是你心中的秘密？”

先出脚踏上横道线的真理，带着些许不安的眼神，盯着亮介。

“也算不上是什么秘密。”亮介摇摇头。

“裕子他们就是口无遮拦，什么事情一到他们嘴里就藏不住，非得说出来不可。”

真理的话听上去像是在为自己辩解，亮介于是默默地点了点头。

“你是不是不太希望别人提起这个话题？”

“没有啦。”

仓库区中，除了寒风摇动卷帘门的声响之外，听不到其他声音。此时，正好一辆灯光通明的单轨电车朝仓库群上方驶来，亮介一声不响地用手指了指电车。真理抬头望去，从她的眸子里，亮介看见电车疾驶而过。

“那个人是个什么样的人啊？”

等眸子里映现的电车完全消失之后，真理又接着问道。她的脸色，在一旁自动售货机的光亮的照射下，显得有些惨白。

“她是个什么样的女人？你们同居过吧？”

“没什么啦，就是个普通女人，极其普通的女人。”

“怎么个普通法呢？”

“普通嘛……就是普通啦。”

“亮介喜欢过她吗？”

“为什么这样问？”

“这个嘛……”

“嗯，也就是一般的喜欢吧，毕竟和她交往过嘛。”

“那种喜欢是什么样的感觉？”

“什么样的感觉？”

“是呀。喜欢也有各式各样的喜欢嘛，对吧？”

“没那么复杂吧。”

“嗯？”

“我是说，喜欢就是喜欢……没什么各式各样的说法。”

成排的仓库前停放着一辆辆卡车，在路灯的照射下，卡车看起来就像一张张面具一样，静静地凝视着款步而行的两人。

这天上午，亮介一直忙于分拣和搬运运往马尼拉的货物，午餐吃得迟了，等到他吃完饭回到仓库时，已经过了下午两点半。平时，总是靠一盒由跟公司有外卖协议的盒饭店送来的盒饭就随便打发了。可是今天，亮介突然想换换口味，吃炸牛排，因此早上办公室的事务员高阶女士问到想要订什么花式的盒饭时，亮介答道：“今天不用帮我订盒饭了，我到外面去吃。”

高阶惊讶地说：“哟，真是难得啊。和谁一起去啊？”

“不是啦。我只是突然间想吃炸牛排而已。”亮介笑着回答。

“早上八点钟就想吃肉，真是年轻人好胃口啊。”她好像光是听到炸牛排这几个字，就会感觉胃口难受似的。

高阶女士有一个与亮介同岁的儿子。她每次拿着货物分拣表从楼上的办公室来到仓库，总会跟亮介打声招呼：“和田君，你干起活来好像总是乐在其中嘛。”其实亮介倒并不觉得有什么特别的乐趣，只不过在高阶的眼里看来，亮介在处理这些从世界各地越洋而来的货物时，简直把它们当成是赠送给自己的礼物。

“你很适合这份工作呢。”高阶女士说。

“是吗？”

亮介根本就不知道世界上还有其他什么工作适合自己，于是只能欣然接受高阶女士的评语。

每天，都会有大量的货物从马尼拉、高雄，甚至从遥远的里约热内卢漂洋过海而来，被运送至品川码头的仓库。先用码头装卸专用的集装箱跨运车，将货物卸下来，然后再用叉车将它们进行分拣、堆放。要说单调，实在是一件单调的工作，不过亮介却觉得，自己强健的体魄似乎正适合这种单调的工作。无论是什么货物，将它从一个地方移动到另一个地方，这绝对不是一件无聊的工作。当然，偶尔亮介也会感到一种莫名的虚无感：说不出是什么原因，也没有任何理由，但一瞬他会想，保不准自己正在搬运的集装箱徒有一副铁壳，里面空无一物呢。

将助动车在仓库角落停放好之后，亮介打着冷战，哆哆嗦嗦地朝仓库办公室跑去。办公室建在码头边一块突出的空地上。下午的工作早已开始了，从集装箱堆场那里，传来阵阵刺耳的劈啪声，那是起重机的吊索被湿湿的寒风吹袭而发出的声响，听起来就像鞭子抽打在地上一样。

亮介猫着腰，两手紧插在工装裤袋里，“蹬蹬蹬”地踏上通往办公室的铁梯。办公室门口那块公司铭牌，已经快要从破旧的铝合金门上剥落了。一拉开门，空调楼内一股暖暖的空气，迎面扑向亮介冻得冰冷的脸颊，随即又钻出屋子。

经过短短的走廊，亮介跨进办公室，全身立即被温暖的空气包围了。

“哟，和田！你回来得正是时候。”站在桌子后面的野田主任粗声说道，他的嘴里如往常般衔着一支棒棒糖。“这两位想要参观一下咱们这块儿哩。”

野田主任撅起的下巴所指处，立着两位稍稍上了点年纪的女性，她们浑身上下裹得严严实实的，俨然是一副要去阿拉斯加的样子。

“参观？”亮介歪着头，满腹犹疑地重复道。

“真是对不起，百忙之中打扰了……”

两个穿得圆滚滚的女性异口同声地低头施礼，亮介连忙还礼。尽管还不明白事情的原委，但看起来亮介似乎已经无法推却了。

“参观什么呢？”

亮介望着野田主任，喃喃地问道。于是，野田主任将目光转向两位女性，意思是问：“是啊，参观什么呢？”

“其实……我们也没想好具体参观哪里，只是……该怎么说呢，我们只是想体会一下码头的感觉就可以了。”

两人中身材略微丰满些的女性怯生生地说道。听了她的回答，野田主任又将脸转向亮介：“嗯，明白了吗？”

“码头的感觉？这个嘛……”亮介稍稍显得有些为难。于是，另一个身体高挑、脸颊瘦削的女性赶忙接着说道：“也不必太麻烦您，只要让我们在这附近走一走就行……”

“这两位说是小说家呢。”野田主任在一旁介绍，同时用舌头转动着口中的棒棒糖。

“小说家？”

“哦不，这位才是小说家，我是出版社的责任编辑。”

高个子女性解释道。她的口气听起来好像在反驳说：“这一位是单身，我可是已经为人妇了哦！”

“这样吧，你就带她们从这里到外贸仓库那边去看看吧。”

“是！”听野田主任如此吩咐，亮介也只好遵命了。

走下办公室的楼梯，三人伫立在突出的码头堤岸边，对岸台场的景观毫无遮拦地尽收眼底。横扫东京湾、卷着海浪瑟瑟而来的寒风，直扑脸颊，吹在脸上生疼生疼的，嘴都几乎无法张启，并且在耳边发出“飕飕”的尖叫声。

“怎么样，我说得没错吧？”

“真的。要是穿了那样薄薄的外套的话，简直连路都没法走呢。”

“所以说嘛，这会儿就不是担心什么丢脸不丢脸的时候。这里是海边呀，大冬天的海边哪！”

“看来跟须藤先生借了这件羽绒外套，算是没借错。”

“须藤先生平时喜欢钓鱼吧？”

“也不知道他是不是去钓鱼，反正一到休息天，他就往外面跑的吧。”

“是这样啊。我还以为他是那种挺顾家的好男人呢。”

从走出办公室起，两个女人就没完没了地东拉西扯开了。其实亮介也同她们一样，感受着寒风的袭击，不过要像她们这样站在码头堤岸边说个不停可就惨了。

一直蜷缩着身子站在两人背后的亮介，抓住机会打断了她们的对话，有模有样地介绍起来:“呃……简单来说吧，这边的仓库主要是装卸国内货物的，那边是专门用来装卸国外货物的……”

“哎？！你是说，外国的轮船会停到这里吗？”

小说家突然声音变得异样起来，同时惶恐不安地望着几乎就在自己脚下的大海。

“没错，经常停的呢。”

亮介一面说一面朝自己的身后指了指。刚才从办公室出来后，两个人的视线光顾着眺望彩虹大桥，丝毫没有注意到停泊在外贸仓库前方岸边的一艘来自菲律宾的货轮。

“啊！真的！”

“好厉害啊。站在这里看，真的感觉大极了！”

两人一面冷得紧缩脖子，一面不住地赞叹着。说是来参观码头的，可是两人却只顾伫立在堤岸边，背对寒风，勾着身子，一个劲儿地直呼：“好冷！好冷！”

亮介终于忍不住问了一句：“呃……请问，来这里收集素材是打算创作什么样的小说啊？”

“啊，是恋爱小说。”

小说家嘴唇哆嗦着回答。

“恋爱小说？”亮介歪着头，情不自禁地朝对岸的台场方向望去。

高个子的出版社编辑见此情景笑了笑说：“哈哈，是啊。要是说到恋爱小说的背景舞台，绝对是那边更加贴切呢。”

“和田先生平时读小说吗？”小说家问道。

亮介摇摇头，老老实实地回答：“啊，我不读小说。”

小说家自我介绍叫“青山萤”，而那位编辑则递过来一张名片，上面印着：“出版局第三出版部 · 市井景子”。尽管亮介并不熟悉“青山萤”这个名字，但他却隐约记得，似乎在哪里听说过根据她的小说改编而成的电影片名。

两人希望从这里一直走到最远处的集装箱堆场看一圈，于是亮介便带着她们，侧身用后背抵着寒冷的海风，像三只螃蟹一样，沿着堤岸慢慢前行。

“要把这里作为小说的背景舞台吗？”

亮介低声问道。他的话一出口，立即随着寒风飘散开去，仿佛要被吹跑似的。

“也算是舞台吧，因为打算将男主角设定为在这里工作的码头工人。”青山依旧颤抖着嘴唇回答。

“那女主角呢？”亮介忍不住问。

“女主角我还没有想好呢……”

“没……没想好？！到底是怎么回事啊？”

听了青山的话，市井景子顿时脸色一变，急急地插嘴追问道。

“啊不，我是说……”

“上次碰面的时候，你不是说，故事提纲和大致的布局谋篇都已经想好了吗？”

“是啊，不过……”

“写恋爱小说居然连女主角还没设定好，这算什么嘛？！”

“话是这么讲没错，不过……至少男主角这条线已经很清晰了呀。对了，和田先生，您今年贵庚啊？”

青山说着，摘下毛皮帽子捂在脸上，以遮蔽直往脸上袭来的寒风。

“二十五。”亮介回答。

“哇！那是什么？”

也不知道究竟有没有听到亮介的回答，青山突然很夸张地大声问道，她的手指着前方的集装箱堆场。

“是啊是啊，那是什么呀？啊！还在动呢……看，下面还有轮子呢。”躲在亮介身后避风的市井，随着青山的叫声往前方望去，不由的也发出一声惊叹。原来集装箱堆场正在进行吊装作业，只见大杉坐在跨运车的驾驶座上，正准备将一只印有“WANHAI”字样的集装箱吊起。

“哇！你看呀市井，驾驶座竟然安在那样的地方。”

“咦，真的啊。是在那里进行操作的吗？看上去是不是像一辆四层大巴啊？”

“双层巴士的话，我倒是在伦敦见过……”

“啊，快看快看！”

“哇，吊起来了！”

“这都是从那个驾驶座上看着进行操作的吧？”青山兴奋得一把抓住了亮介的肩膀，亮介则“嗯、嗯”地点头作答。

“和田先生也会驾驶那个大家伙吗？”

“当然会啦，那就是我的工作嘛。”

“好厉害呀。我真是打心底里佩服你们，真的，绝对尊敬。”

“是呀。要是我的话，光是从梯子爬到那个驾驶座上去，大概就会贫血了……”

坐在跨运车驾驶座上的果然是大杉。虽然看不清他的表情，但是可以肯定：此刻大杉一定正从高高的跨运车上歪斜着脑袋，奇怪地看着跟在像是刚从阿拉斯加归来的两个女人后面，缩手缩脚站在堤岸跟前的亮介吧。

亮介领着两位参观者在集装箱堆场转了一圈。间或地，两人也问些像“这是什么？”“那个是什么？”之类的简单问题，但没过多久，大概对空荡荡的仓库风景看腻了，便开始对一些私人问题感兴趣起来，诸如“和田先生有女朋友吗？”“休息天都做些什么呀？”等等。亮介也不时地向两人提些不着边际的问题，像“小说大概什么时候完成啊？”“作家是不是整天都关在家里闭门不出呢？”等等。

大致参观完毕之后，亮介将两人送到专门供拖着集装箱的挂车出入的库区正门。看到后面没有拖着集装箱的挂车，市井笑着说：“看上去好像没有壳的寄居蟹呢。”经她这么一说，亮介觉得还真有几分像哩。

走出大门前，青山猛然转身朝身后望去，说了句：“从这里看过去，台场好像和这边的堤岸相连着似的。”

亮介也跟着回头一望。透过仓库与仓库间的空隙，可以看见对岸的台场，真的仿佛用双脚就能走到一样。

“从这里到台场大概有多远？”

“差不多一公里，如果从防波堤计算起的话，大概也就八百米左右吧。”

这时，一辆挂车拖着沉重的集装箱，顶着寒风，从三人身旁驶过。

“你们可以在那里的巴士站等车，码头的循环巴士会经过这儿的。不过，要是时间不凑巧的话，可能要等上二十分钟左右哩。”出了大门，亮介指着马路斜对面的巴士车站说道。

同两人道过别，亮介正准备回办公室，青山却在背后大声叫住了他：“要是碰到什么不懂的事情，我可以向您打电话请教吗？”

亮介也大声地回答：“可以啊，没问题！”

虽然在“海岸浴场”的热水池中泡了许久，可是当亮介骑上助动车回到宿舍时，头上湿漉漉的头发已经被寒风吹得仿佛快冻住一般。

亮介将助动车停放在人行道边，然后身体剧烈颤抖着，连头盔都没顾得上摘掉，便迅速奔上楼梯。

经过大杉房间的时候，听到从里面传出裕子的声音。一时间，亮介犹豫着是不是要去打声招呼，可转而一想，打了招呼只怕又会被两人拖住，那就不知道要呆到什么时候才能脱身了。于是，他径直走过大杉的房门，进入自己房间。

踏进冰冷的房间，第一件事情便是烧起燃气式火炉，昏暗的房间里顿时亮起一道火焰。亮介注视着火焰逐渐蔓开的样子看了好一会儿。房间里并不是没装空调，但是长时间开空调的话，亮介准定会头痛的。

亮介将两手放在火炉上取暖。这时，薄薄的墙壁另一侧传来大杉和裕子的说话声。

“是真的呀，《冬天的时钟》啦《凤蝶》啦等等，都被拍成电影了呢。你没听说过吗？”

“嗯，没听说过。”

“你好好想想，前一阵子电视里放映过一部电影，我们不是一起看的吗？那就是《冬天的时钟》呀。”

“有吗？我们什么时候一起看过那种电影？”

“明明看过的嘛，就在你这儿啊！”

看来，两人正在说着关于青山的话题。下班铃声响过后，在更衣室里大杉曾问过亮介：“下午那两个女的是谁啊？”

亮介把事情的原委大致告诉了他。大杉却只是“哦”了一声，像是毫无兴趣似的点了点头，便匆匆换好衣服离去。

亮介把火炉的火稍稍调弱一点之后，拿出在便利商店买的啤酒，抽出一罐，然后将其余的放进冰箱。房间里的温度似乎比冰箱内还要冷。

亮介一面喝着啤酒，一面开始炒菜。这时，有人“嘭嘭嘭”地敲房门。亮介心想，反正不是大杉就是裕子，于是头也不回地应了一声：“门没锁！”

“亮介真勤快啊，”只见裕子从外面探进头来，“不像信也，每天晚上就知道从便利商店买便当吃。”

裕子一面说，一面自说自话地跨进房间。

“假如那家伙肯出伙食费的话，我可以连他的份一块儿做啊。”亮介将砧板上的卷心菜和豆芽倒进加热了的炒锅，房间里顿时“噼噼啪啪”地热闹起来。

“好呀，那你就帮他做吧，真的。你看他每天晚上都吃便利商店的便当，而且每天晚上都是汉堡牛肉饭……”

“他每天中午的盒饭也老是吃汉堡牛排饭哦。”

“可是汉堡包他却不吃，说是汉堡煎牛肉跟面包配不到一块儿……我看他根本就是味觉有问题吧。”

房间里依旧没有暖和起来，裕子只得勾着身子蹲在火炉前取暖。

“晚饭吃过了？”亮介问她。

“嗯，吃过了。是我做的，我有好久没做给他吃了。”

“真的吗？都做了些什么啊？”

“……行啦，关于这个话题我不想再讲下去了。”

锅里的菜颜色诱人，亮介又往里面撒上一点盐和胡椒粉。如果单就香味而言，跟亮介偶尔叫蓬莱阁外卖送来的中国风味炒时蔬比起来，也毫不逊色呢。亮介熄掉煤气，然后确认了一下鲕鱼的烧烤程度。

“我刚刚听大杉说，今天青山萤到你们仓库去了吗？”

不知不觉裕子已站在身后，正瞥眼瞧着亮介从炒锅里盛到菜盆里的菜。

“是啊。”

“她问了你些什么问题？是亮介带她们参观仓库的吧？”

“也没问什么……”

“她想写关于在品川码头工作的人的小说吗？”

“好像是那么回事吧。”

“是什么样的故事呢？”

“嗯……我也不清楚。”

“她还会来吗？”

“怎么了？”

亮介从锅里盛出一碗饭，连同啤酒，一起端到底下带有电热暖炉的矮桌上，裕子则寸步不离地紧跟在他后面。

“我跟你说件事情，在这里说过就算了啊。其实我……”

“什么事呀？这么神神秘秘的。”

“你绝对不可以对任何人讲哦。其实，我在读大专的时候，也曾经试着写过小说呢。”

亮介回身到厨房将烤鲕鱼取出，裕子依旧紧贴身后。

“所以，假如青山萤再去码头的话……我想，我想劳你驾把它转交给青山萤。当然啦，要是事先知道她什么时候来的话，我可以直接交给她，拜托她帮我写的东西做一下点评。”

亮介用胳膊肘把裕子拨开，将烤鲕鱼和烤紫菜端到矮桌上。

亮介开始吃上了，可裕子仍然呶呶不休地沉浸在关于自己的小说的述说中。亮介有点不耐烦了，中途打断道：“我可以看看电视吗？”

“不行！等一会儿再看，先听我说嘛。”裕子说着，一把抢过电视机的遥控器。

“你写的那东西，应该算是性爱小说吧？”

听裕子大致介绍了一通小说的内容后，亮介的第一感想竟是这样。

“什么性爱小说？你是说色情小说吗？才不是呢！”

“可是，你小说中的女主人公成天跟男人做那个事情嘛，一会儿跟大学教授，一会儿又跟足球运动员……”

“可是，我又没有把那种场景描写出来呀。我表现的是更加内在的东西，是心灵的惶惑和愉悦，也可以说是心中的一片风景吧……”

亮介三下五除二吃完了饭，刚要把碗筷拿去灶台边的洗物槽去洗，房门没敲就被拉开了，只见大杉探头进来，一脸不满地对裕子说道：“喂，你在干什么哪？不是说好了去借录像带的吗？”

亮介做了个“冷死啦，快关门啊！”的手势，把用过待洗的碗筷放在灶台上，裕子也帮忙将矮桌上的剩菜盆端过去。

“对了，真理说过今天晚上会来的。大概这会儿还在加班吧？”裕子说着，拿了块抹布又回到矮桌前。“她没和你通电话吗？”她边说边仔细地擦拭桌子。

“傍晚的时候发来过短信，说是要来的话也可能会晚一些。”亮介答道。

“喂，你到底去还是不去啊？”站在门口的大杉，对裕子慢吞吞的动作感到不耐烦了，大声催促道。

“我说过了去的嘛！稍等一下啦……咦，亮介你换手机了？”裕子拿起放在矮桌上的手机问。

亮介轻轻点头“嗯”了一声。大杉在一旁插嘴道：“这家伙，居然把手机掉到海里了！”

“掉到海里了？”

“是啊。前几天休息的时候，他跑到堤岸边去抽烟，从口袋里掏打火机的时候，‘扑通’一声连手机一起掉进了海里。”

大杉的话并没有夸张。不过，掉进海里的只是手机，打火机则刚好掉到亮介的脚边，眼看要落进海里之时被亮介一脚踩住，才没掉进海里。

“那输进去的通讯录，还有短信什么的全都丢了吧？”裕子擦拭完桌子将抹布放到灶台上后又返回来，紧接着问道。

“嗯，是啊。”亮介回答。

“反正这家伙的通讯录里，除了我、家里还有真理之外，差不多也没其他人了，所以没什么大不了的啦。”

大杉依旧没关门，将身体夹在半敞的房门之间，既不进来，也不退出去，而刺骨的寒风就从半敞的房门钻进来。

“啊，说到手机我想起来了，是哩，你前阵子好像说起过，通过手机交友网认识了一个女的，对吧？”

面对大杉突如其来的问话，亮介不置可否地“啊？”了一声，脸上露出不高兴的神情。

“什么？亮介你也上交友网络吗？”

“就是啊。那是什么时候来着？好像是夏天的时候吧？两个人在羽田机场还是哪里见的面……”

“羽田机场？怎么会跑到哪里去见面？”

“他还以为对方是个空姐哩，原来是‘巧仕客’里的售货员。对吧？哎，这件事后来有什么结果啊？”

亮介没有接大杉的话茬，不做声地洗着抹布。

“啊，我想起来了，对对对，最后这家伙是被人骗啦。那个女的说自己在滨松町的‘巧仕客’工作，他跑去那里找人家了，对吧？可结果根本没这个人。嗯，就是这样。喂，我说的没错吧？”

“那你们就这样结束了吗？”裕子站在狭小的门口处，一面扶着大杉的肩膀穿鞋一面问道。

“对！就是这样。行了吧？”亮介语气生硬地答着，在两人背后推了一把，将两人赶出门，然后重重地关上破旧的房门。

这实在是段不值一提的回忆。

通过交友网络结识异性，然后会面，然后……就不再有第二次了。这种司空见惯了的老套故事，每天、每时每刻都会在日本各地反复上演着。

与自称“凉子”的女子在羽田机场会面，那是夏天快要结束时的事情。但是直到现在，亮介只要一回忆起那天晚上的情景，浑身的肌肤仿佛仍能感觉到归途中单轨电车中那超强的冷气。

“下次还能再见吗？”

单轨电车到达终点站滨松町时，亮介试着问凉子。然而她既不回答“是”，也没说“不”，只是挥着手道声“拜拜！”便转身离去了。亮介驻足在人来人往的车站出口处，一直目送着她渐远渐小的背影，可是她却始终不曾回眸望一眼。

那天深夜，亮介给凉子发去一则短信，记得短信的内容是：“平安到家了吗？今天很高兴与你见面。晚安。”

亮介将手机放在枕头边，拿起又丢开，其间将两人来往的短信重又看了无数遍，一直等到凌晨两点左右，也没有收到凉子的回信。

连日久等不见回信，转瞬便过了数天。时日虽然飞快地流逝，可是，在滨松町车站与凉子道别时那份无可名状的焦虑，却总也无法消除。不知有多少个夜晚，亮介下班回到宿舍后，手里攥着手机，呆呆地苦等凉子发来短信。他在短信栏里输入了无数条讯息，最终一条也没有发出，脑子里却被塞得满满的。亮介实在忍受不住这般折磨，他冲出房门到隔壁房间去找大杉。

亮介没有敲门便拉开玄关门，“喂！”跟大杉打了声招呼。大杉正在聚精会神地看电视，只是一个劲地“哈哈哈哈”自顾自发笑，看也不朝门口看一眼。

“我进来啦！”亮介故意把门关得“嘭嘭”响，然后步子重重地踏进房间。

“做什么啦？深更半夜的。”大杉怀里抱着坐垫，依旧笑个不停，视线始终没有离开电视机屏幕。

“我……”亮介开口想说什么，见大杉仍无暇顾及自己，只得站在大杉身后，直到电视节目结束。每当插播广告的时候，大杉才回头看一眼，说道：“喂！你怎么还在这里啊？”亮介则不断重复着：“嗯，我这就回去了。”

这样的情形持续了有两三天，亮介终于得以将事情的原委说给大杉听。原来大杉好不容易才发现亮介似乎有点举止异样，于是追问道：“喂，你怎么了？发生什么事情了？”“没什么啦。”一开始，亮介还像往常似的支支吾吾想岔开话题，不料大杉动起真来，几乎将他轰出房门，亮介只得回答：“其实是这样的啦……”接着，便将与凉子交往的事情经过一五一十说出。

大杉听后捧腹大笑，他给亮介出主意道：“你要是真的那么喜欢的话，就去找她嘛！她不是在滨松町的‘巧仕客’工作吗？”

并不是因为大杉的话亮介才采取行动的，但几天之后的周末，亮介还是决定前去寻找一番。他打起精神，兴冲冲地前往滨松町车站。他暗自给自己打气：

万一真的在“巧仕客”碰见凉子，就假装是偶然巧遇。

滨松町站内的“巧仕客”多达十数间店铺。亮介首先从单轨电车附近的站台开始寻找，一间不漏地搜索了一遍，却不见凉子的身影。接着前往JR线的站台，同样无所收获。亮介心里也明白，由于换班的原因，可能现在恰好不是她的工作时间，但寻着寻着却不由得信心渐失。想想也是，对一个通过手机短信结识的男人，她怎么可能初次见面便将自己的工作地点之类告知他呢。可是，尽管亮介努力让自己不朝这方面去它，但这个念头盘踞在脑海里，怎么也挥之不去。

说来奇怪，一旦死心，认定凉子并不在这里之后，心里反而涌起了一股勇气。亮介回到位于车站南出口附近一个看起来最空闲的“巧仕客”店铺，走上前去，向那个一面用鼻腔哼着曲儿，一面正在摆放口香糖的中年女店员打听道：“对不起，我想找一个人……”

女店员起先用怀疑的眼光看了看亮介，亮介赶忙把刚才趁歇息时在一家茶室反复演练了多遍的台词道出，她嘴里念叨着：“凉子小姐？凉子、凉子……”然后找出一张值班表仔细寻找起来。

亮介对女店员编了一个谎，说是以前曾经在这个车站掉了钱包，派出所的人将钱包还给他时告诉他，是一位在“巧仕客”工作的姑娘捡到送交派出所的，并告诉了姑娘的名字和电话号码，可惜自己把那张写有姑娘名字和电话号码的纸片弄丢了。其实，在站内发现乘客的丢失物品，理应交到车站的失物中心处理，而不是送交派出所，但眼前这位中年女店员并没提出疑问，看来是个不太注意事情细节的人。过了一会儿，她有些抱歉地对亮介说：“看来这里没有这个人呢。倒是我家隔壁的年轻太太好像是叫凉子哩……”简直是风马牛不相及。

当天晚上，亮介决定给凉子发最后一则短信。

“你是骗我的吧？”

经过一个多钟头的反复斟酌，写了删除，删除后再输入，可最终发出去的内容却只有这样短短的一句话。

令人意外的是，亮介本来并不期望对方会回信，但短信发出后还不到一分钟，凉子却回信了。

“对不气。”

不知是输入时按错了字还是故意的，那个错别字“气”字看起来特别扎眼。亮介读着，觉得自己刚才的短信似乎带有责怪对方的意思，这才让凉子这样做的吧，分明是一种无声的抗议。刹那间，心中倒为自己的小气行为感到难为情了。

这天夜里，亮介又一次失眠了。他钻在被窝里翻来覆去睡不着，烦不胜烦，最后实在受不住煎熬，于是便夜半三更的奔出宿舍。

跑出宿舍后，亮介不知道要往哪里去，只是骑着助动车沿高滨运河毫无目的地驶去。来到一家便利商店，站在店内翻看了一阵他根本不想读的杂志。当他再次驶上空无一人的海湾大道，车子歪歪斜斜，就像喝醉酒似的任意跑着的时候，脑海里忽然涌起想到品川码头堤岸的念头，于是紧握手闸，车子猛地蹿了出去。等他回过神来时，已经以风驰电掣般的速度越过了京滨运河上的港南大桥。

夏末的午夜，空气中依然残留着白天的暑热。汗渍渍的肌肤被湿湿的凉风吹拂着，浑身感觉舒畅。

来到品川码头，亮介径直朝堤岸的方向驶去。海湾对面台场的美丽夜景尽收眼底。码头这侧，除了几家通宵便利商店还闪烁着星星点点的光亮外，已然是漆黑的深夜，而对岸的台场依旧是一片灯火辉煌。

沿堤岸而建的仓库区的大铁门微微敞开着，亮介驾车钻了进去。从内贸仓库区有一条大道笔直通向东京湾，在堤岸的前端形成一个直角，它的下面便是波涛汹涌的大海。

起初只是因为好玩，亮介在内贸仓库前骑着助动车加速驶向堤岸的最前端。直线距离将近二百米，他先是加大油门，当提速至时速三十公里时便关掉引擎，松开刹车，让车子依靠惯性向前滑行。亮介想看看助动车能够滑行至什么地方，结果，车子在距离堤岸大约二十米处停了下来。他又提高车速试了一次，这次车子停下的地方又向前延伸了几米。

亮介重新回到刚才出发的地点。这一次，他稍稍调整了关闭引擎的时机，比先前延迟几秒钟。就像是计算好了似的，车子停下的位置又向前延伸了些许。经过数次尝试，亮介掌握了关闭引擎的最佳时机，使车子的前轮最终刚好停在离堤岸近在咫尺的地方。

现在，大海就在脚底下。助动车的前轮几乎快要滑出堤岸，整个车子差不多悬空似的稳稳地停在岸边。

从那天晚上之后，亮介连着好几晚都来堤岸边。又经过数天的练习，他甚至闭着眼睛也能够恰到好处地关闭车子引擎。不过，闭目驾车的平衡感很不容易把握，他差不多每三次中就有一次，开着开着便会不由自主地以脚着地支撑身体。

闭着眼睛驾驶助动车向大海冲去，想起来就会令人胆战心惊。在感到自己正在逐渐接近某种东西的同时，亮介也感到有某种东西正在一步步向自己逼来，他几乎是同时咀嚼着这两种矛盾的感受。然而，就在反复进行这种危险的游戏的过程中，他自然而然地将凉子的事情忘怀了。

晚间十点的《新闻集装箱》节目已经开始播报体育新闻了，原本打算来过夜的真理依然音讯全无。大杉和裕子八点多钟从录像带出租店返回，此时大概已经将借来的录像带观赏完了，隔壁房间早早地便熄了灯。刚才亮介打开窗打算晾晒衣物时，从羽田机场始发的单轨电车正好从头顶行驶而过。亮介记得以前住在静冈时，有一次去比自己大十一岁的堂哥家玩，堂哥给他读过一部描写拳击手的漫画书，忘记叫什么书名了，书中的主人公为了看清楚移动的目标，曾进行一种特殊的动体视力训练，是从行驶着的电车中辨识乘客的面孔。

从宿舍的窗口望出去，单轨电车的车窗中也映现出各式各样的人影，想必其中大部分的乘客，是从日本各地乘坐飞机来到羽田机场，再从机场乘坐单轨电车进入东京市区的。亮介心想，要是能像从前曾经读过的漫画那样，清晰地辨识出每个乘客站在电车车窗旁的表情，那该多好啊。

从窗口透出通明灯光的单轨电车看上去真漂亮，它就像夜空中的一串流星一样，倏地划过亮介所住的公寓上方。

时钟敲过十一点之后，亮介试着给真理的手机打了个电话，要是真理不接而转入留言的话，他打算不留任何讯息，直接就挂断。但是铃声响过十几次后，“喂喂，啊，对不起！”电话里传来真理慌里慌张的声音。

“哦，抱歉。你现在正忙着吗？”

“嗯嗯，没关系……不过，还是过一会儿我打给你好吗？”

“好啊。”

挂掉电话，亮介才意识到自己刚才十分紧张，这是因为他一向不习惯往对方的工作单位挂电话，感觉似乎就像是打电话给素不相识的人一样。

亮介横卧在榻榻米上。半年前大杉和裕子为自己庆祝生日而举办派对时悬挂起来的装饰带，仍原样悬在天花板上。亮介伸手到矮桌上，摸索着拿起手机。虽然不清楚真理几点钟才会回电话来，不过亮介心里已经明白，真理今晚是不大会来过夜了。

亮介手攥着电话，手指下意识地打开了短信页面。由于两手闲得发慌，便情不自禁地在发信地址栏内，输入了凉子的信箱地址。前些时候手机掉落到东京湾里时，他脑海里首先浮现出来的，便是这八个看起来毫无特别意义的罗马字母。手机落水的那一瞬间，他清楚地意识到：自己脑海的深处印刻着这个地址。

亮介输入了一则短信："好久没联系，你好吗？"随即又从后面一字一字地将其删除。

走廊里传来一阵声响，接着有人敲了敲门。亮介喊道："门没锁！"只见裕子穿着睡衣探进头来："咦，真理还没来吗？"

"今天晚上大概不会来了吧。"

亮介说着，将攥在手里的手机藏到枕头下。

"来过电话吗？"

"刚才打电话给她，她还在公司哩。"

"哦，是吗？"裕子点了点头，转身回大杉的房间去了。紧接着，薄薄的一壁之隔那边便传来裕子向大杉的报告声："还没来。今天好像不会来了。"

等到听不见裕子他们的说话声后，亮介再度打开手机的短信页面。他输入了"好久不见"，随后将它删除，又输入"还记得我吗？"接着又删除。

踌躇了好一会儿，输入了好多问候话随后又将它们删除之后，短信屏上只剩下"单轨电车"几个字。亮介的手指在发信按键上游移不决，犹豫了好几次之后，他终于将只有"单轨电车"这几个字的短信发向凉子的短信信箱。

接到青山萤打来的电话，是在亮介陪同她们参观品川码头之后的下一个星期三傍晚，他下班回宿舍途中来到"海岸浴场"，正在更衣室里脱衣服。

接通手机，青山首先为上次的事情简短地道谢，随即便进入正题。青山滔滔不绝地说着，亮介根本插不上话，只能费劲地"是、是"随声附和。

青山告诉亮介，下一部小说将在女性时尚杂志《LUGO》上连载。亮介连杂志的名字都未听说过，只能含含糊糊地敷衍道：“啊，是吗？”青山还一再强调，这部作品是描写在码头工作的普通劳动者的。

“所以呢，有件事情想请你帮忙：假如可以的话，我可不可以去拜访一下和田君现在居住的宿舍？”青山说到这里，语气一下子变得柔和起来。

“说是宿舍，其实也就是普通的旧公寓房而已，再说楼下还住着其他不相干的人哩。”

“没关系。你记得吗，上次你带我们参观码头的时候，不是说过你就住在那附近吗？所以我很想知道，居住在一大片仓库群旁边究竟会是一种什么样的感觉啊。再说，从你的窗口还能看到东京单轨电车对吧？”

“啊，看是看得到，不过吵得要命，完全没有小说之类当中出现的那种罗曼蒂克的感觉啊。”

“没关系、没关系。那么我们就说好了，没问题吧？”

“我是没什么问题啦……”

从青山一厢情愿提出的几个日子中，亮介选择了下个星期天。因为其他的日子都是平日的下午，没办法请假。

“市井大概也会一起来吧。那么，我们就约定下个星期天的下午五点钟好啦。”

青山说着便要挂电话，亮介急忙提醒道：“我们约在哪里碰头啊？”

“啊，说得是。只要你告诉我地址，我们自己会找的……”

“那这样吧，我们在品川车站的港南出口碰头，那里有一个广场，我们在广场见。”

“真的吗？那真是太好了。”

“啊，对了，我有个朋友好像是你的崇拜者，礼拜天可以叫她一去来吗？”

“是和田君的女朋友吗？”

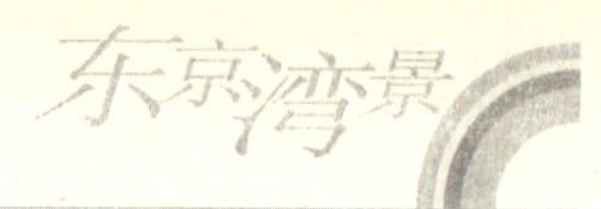

“不是，是住在我隔壁房间的同事的女朋友。”

话筒的另一端传来吞咽口水的声音。

青山爽快地应允叫裕子一起来。“假如之后没有什么安排的话，晚上就大家一起吃个饭吧。”然后挂断了电话。

进入浴池前，亮介拨通了裕子的手机。虽说还没有下班，但她接起电话一听便大叫起来：“去去去，我一定去！”震得电话这一端的亮介耳朵生痛。两人说好了从宿舍一起去车站接青山，反正星期六晚上裕子也会在大杉房间过夜。

裕子接着问：“礼拜天真理也会来吧？”

“嗯，还不晓得。”亮介说完便挂断了电话。

刚才亮介只脱了一只脚的袜子，正想脱下另一只，旁边的玻璃门被打开，从里面出来一个老头，全身在热水中泡得通红。随之，一股浓浓的热气也跟着从浴池蹿向更衣室而来。驾驶助动车从码头的停车场越过港南大桥来到“海岸浴场”，虽然不过只数分钟，但身体早被刺骨的寒风吹得冻僵了，现在被热气一熏，顿时觉得浑身舒展开来了。品川码头的冬夜，或许比东京任何地方的夜晚更加令人难耐。

亮介将身上衣服除尽，放进更衣柜，正要锁上柜门的当口儿，更衣柜里的手机响了起来。假如响起的不是短信铃声的话，亮介一定会置之不理，直接进入热气腾腾的浴池的。

亮介用两腿夹住毛巾，打开更衣柜，从裤子口袋里露出来半截手机。亮介有种预感，这既不是真理也不是裕子发来的短信。他慢慢打开手机翻到短信页面，搜索新收到的短信。

发信人是凉子。

一瞬间，亮介的中指抽搐了一下，差点儿把手机掉到地上。

短信屏上显示的文字是：“你好！谢谢你发来的非常简短的短信。总觉得那好像已经是很久很久以前的事了，是一种很久很久以前一起去某个地方旅行的感觉。从单轨电车上，可以看到亮介君住的公寓……你现在仍旧住在那个地方吗？”

亮介的大拇指，由于过度用力地揿在按键上而感到隐隐作痛。

其他浴客正在换衣服或喝牛奶，亮介不顾四周的视线，赤裸着身子坐到按摩椅上，深深吸了一口气，然后开始给凉子回信。

“你好！谢谢你的回信。我仍旧住在那幢公寓。”

他将短信发出之后，在按摩椅上伸了个懒腰。从隔壁浴池里传过来热水溅出的“哗哗”声，以及洗脸盆碰撞地面的“乒乒乓乓”声，听起来竟有一种悦耳的感觉。

大约过了一分钟，又收到了凉子的回信：“说在‘巧仕客’工作是骗人的，不过乘坐单轨电车，那天我真的是第一次。”

亮介立即回信：“我现在在附近的公共浴室给你回信，被一群光着身子的老头包围着（笑）。”

凉子也立刻回信过来：“我现在正在电车上。说得具体点，是乘坐着‘百合海鸥号’电车从台场开往新桥的途中。透过车窗可以看到品川码头呢。我想，那片仓库大概就是亮介君工作的地方吧。”

亮介还想继续回信，不料坐在门口服务台上的浴室老板朝他开腔喊道：“喂！那位客人，不能光着身子坐在那里的喔！”

“哦，不好意思。”

亮介说着乖乖站起身来，但仍旧继续输入短信：“我怕再这么下去会感冒的，所以过后再给你发短信吧。今天晚上，一言为定。”

稍稍等了片刻，又收到凉子的回信：“明白了。那就请慢慢享用热水澡吧。”

将手机丢入更衣柜之后，亮介快步奔进浴池，将身子浸泡在热水中。周身感到一阵麻酥酥的刺激，不知是因为滚烫的热水所致，还是因为凉子的短信。

星期天，亮介和裕子两人站在品川车站港南出口前的广场等候青山她们。差不多正好到约定的时间，才看见青山萤和市井景子从站内的自动扶梯上下来，两人身上穿的比上次要略略单薄些。

亮介向她们点头打了个招呼，两人也同时朝亮介轻轻挥了挥手。站在旁边的裕子急切地问亮介："哎，哪一个是青山萤啊？"

"你不是她的崇拜者吗？"亮介哭笑不得地回答，接着用手指着市井景子，跟裕子开了个玩笑："是那个，站在右边的那个。"

临出发之前，亮介问裕子："对了，你上次说起的小说带来了吗？"裕子此时正随意地躺在亮介的榻榻米上，好像这里是她自己男朋友的房间一样。

"嗯，当然带来啦。"裕子答道。实在看不出，她那小巧的提包里竟然装了一部小说稿。

"小说的名字叫什么？"亮介问。

"告诉你没关系，不过你不会笑话我吧？"

"我不敢保证。"

"那我就不说了。"

"好好好，我不笑就是了。"

"叫……《地酒》。"

"嗯？"

"就是《地酒》嘛。"

"……去！这有什么好笑的？"

离约定的时间还有一会儿，于是，亮介不顾仍旧躺在榻榻米上的裕子，开始用吸尘器打扫起屋子来。大杉吃过午饭就上弹子房去玩了。裕子邀他一同来，他却不屑一顾："恋爱小说家？我可没兴趣。要是推理小说家的话，我倒可以跟她谈谈我所想到的杀人方式哩。"随后，他便兴致勃勃地向裕子讲述起他的杀人方式：什么改造窗户从而实施密室杀人啦，什么需要花费十年功夫才能杀死人的药物谋杀啦等等，总之是手段十分烦琐又费时费力的杀人伎俩，而他居然从头到尾谈兴不减地讲了一个多小时。

青山和市井从自动扶梯下来后，亮介将自己身旁的裕子给她们做了介绍。或许是兴奋过度的缘故，裕子的声音都变了样，她一迭连声地表示："啊，我真的真的是太喜欢您的作品了！"说着，将手伸向市井要跟她握手，弄得市井一时莫名其妙，摸不着头脑。

"哟，看来真的是个铁杆崇拜者啊……"

市井半真半假地应酬着，和裕子握了握手。亮介拼命憋住笑，向真正的青山萤说道："那么，我们就走吧？"

亮介告诉青山她们说，从港南出口到宿舍要走二十多分钟，两人二话不说，就拦了一辆出租车。

亮介坐在前排驾驶座旁的位子，裕子则坐在青山和市井两人中间，正热切地向市井表白自己是多么喜欢"青山萤"的作品。

"对了，青山女士住在哪一带啊？"亮介故意回头大声地问青山。

"最近一直都关在浅草的工作室里闭门写作呢。"

被亮介称呼为"青山女士"的"市井女士"开口答道。裕子给弄糊涂了，她愣愣怔怔地瞧着"市井女士"。

出租车经过横跨在高滨运河上的御　　桥时，青山和市井异口同声地说："看到这样的地方，简直叫人不敢想像这也是在东京呢。"一旁的裕子立即不甘寂寞地插嘴道："就是说呀！我也常常这样觉得嘛。怎么说呢，我一直就在想，这里简直有点像威尼斯呢。"

“是吗？可不像威尼斯那么罗曼蒂克呀。”

“对呀，也没有意大利民谣的感觉嘛。”

两人同时反驳道。裕子急忙替自己圆场：“是呀，和意大利民谣比起来，还是贡多拉船[①]更加接近这里的感觉吧。”

亮介一面听着三人话不投机的对话，一面礼貌地给态度冷淡的司机指引着去宿舍的道路。

亮介并不了解作家是怎样创作小说的。虽然青山萤特地远道到品川的中洲来参观一个码头工人生活的宿舍，但是，当她一进入宿舍房间后，便一个劲地评论起油盐酱醋的琐事来，对工作上的事情倒完全没有提及。“哇，你也会烧饭煮菜的嘛。”“我家里用的也是这个砂锅！”她在厨房参观了半晌，似乎没有离开的意思。

原本亮介想，既然特地到这里来参观，想必会问到一些关于工作方面的事情，为了做到有问必答，即时说明，他特意将自己所取得的装卸车技能培训结业证书、从事危险物品搬运的上岗证，以及通过大型特殊车种驾驶证考试时使用过的教科书等摆放在桌上。然而青山好像对这些东西毫无兴趣，倒是对于站在窗前就可以看到单轨电车行驶而过这一细节津津有味，她打开窗子，在窗前足足站立了近二十分钟，每当电车经过，她便颤抖着身子欢呼道：“啊，开过来了！开过来了！”

“对了，和田君有没有在电车上俯视过自己住的公寓？”

青山很突然地问亮介，亮介一时间答不上话来。他的脑海里立即浮现出和凉子一起乘坐单轨电车时的情景。

“那一定是看过的。我乘坐中央线时也经常会从电车上寻找自己住的公寓大楼呢。”市井插嘴道。

“市井的家从电车上也看得到吗？”

“从中野到高圆寺的途中，往左手看就可以看到。”

“离车站近吗？”

“离车站倒是蛮远的。不过，因为周围没有高层住宅，所以我住的公寓大楼就显得鹤立鸡群了。”

听到青山和市井两人的对话，正在厨房冲咖啡的裕子又没头没脑地插话道：“不过，自从纽约发生连环恐怖袭击之后，我只要盯着高楼看上几眼，就会不由自主地想像着从对面飞来一架飞机，往高楼上撞击的情景。”接着又说道：“对了，亮介好像也有过的吧，从单轨电车上俯视自己住的宿舍公寓？”裕子说着，用一只托盘托着四份咖啡从厨房走出来。

“一般都会这样的。坐电车的时候，自然而然就会想看哪。”

青山坐在坐垫上一面说，一面端起咖啡。

“你们别看这个人一脸正经的，他前段时间加入手机交友网络，结果就是跟网络上认识的一个女的一起，从单轨电车上俯瞰这里的呢。”

都是大杉那张没把门的嘴张扬出去的！裕子说着兴头上来，越说越起劲，亮介急忙制止道：“好啦好啦，别乱讲嘛！”

“怕什么嘛，反正事情已经过去了。”

“交友网络呀……”

青山和市井互相会意地看了一眼，端起咖啡杯凑向嘴边。

“就是嘛。你不是跟她在羽田机场约会的吗？是回来的时候乘坐的单轨电车吧？”

“叫你不要讲了嘛！”

房间里变得越来越冷了，市井走向窗户打算关闭窗子。亮介倏地站起来说

注① 贡多拉船：意大利威尼斯水路使用的一种狭长平底的游览船。——译者注

道："要先拉一下这里才能关上。"说着，帮市井关上窗子。

亮介的房间有六张榻榻米[①]大小，外加四张半榻榻米大小的厨房。房间极其普通，因此，加上眺望单轨电车的时间，总共不到半小时参观便告结束。

"接下来，四个人一起吃顿饭怎么样？"

青山站在狭窄的玄关，一面穿鞋一面提议道。亮介回绝说："我接下来还有点事情……"而还没来得及把自己的小说习作交给青山的裕子则大大咧咧毫不客气地接过话茬："没问题，我跟你们去。"

前几天，从"海岸浴场"回来之后，亮介便按照约定，给凉子发去了一则短信，将自己光着身子坐在按摩椅上、被浴室老板训斥的事情，以及乘坐"百合海鸥号"俯视品川码头时，从前面数过来第三间仓库里面就是自己经常待的仓库办公室等等，全都写在里面。大约过了半小时，凉子回信了。她在短信中说，通过交友网络相识时，两人还只是素未谋面的陌路人，见过一次面之后，接着有好一段时间失去联络，随后又开始相互通信，这一段经历感觉就好像久失音信的同窗好友终于又联络上了一样。

亮介很想直接打个电话给凉子，听听她的声音。但是他强忍住了，不过，他最终还是忍不住发了个短信说："真想和你再见一面。"

亮介心里惴惴不安，他做了最坏的打算：也许凉子对此会置之不理，甚至弄不好两人的联络又将再次中断，反正他没往第三种结局去想。

很快就收到了凉子的回信。出乎亮介意料的是，凉子的态度非常爽快："好啊。什么时候方便？""我什么时候都可以。"亮介急忙回复道。凉子选择了下一个星期日，也就是今天。亮介想起星期日正好和青山萤有约，于是回答："六点钟以后应该没问题。"

将青山和市井以及裕子她们三人送出公寓，几分钟前电话预约的出租车已经停在门口的路边了。

“喂，你刚才说接下来还有事情，是什么事啊？”坐进出租车时，裕子突然想起什么似的歪着头问亮介，“应该不是和真理约会吧？她说了今天要回娘家的。”

亮介在裕子背上推搡了一把，将她塞进车内，说了声：“也没什么大不了的事啦。”随即将车门关上。

坐在里侧的青山和市井身体前倾，争先向亮介施礼致谢：“今天真是太谢谢了！”亮介也低头回礼道：“哪里哪里，不用客气。”

出租车缓缓启动，在通往新港南大桥的街口转过弯，引擎声便渐渐消失了。休息日人影稀疏的仓库街上，只听到泡沫塑料被朔风刮得“呱嗒呱嗒”作响的声音。亮介朝四周扫视了几眼，却没有发现那些白色的包装材料究竟在何处滚动。

（注① 榻榻米：日本传统的和式住宅以榻榻米为单位表示居室面积，标准榻榻米长180cm、宽90cm，一张榻榻米的面积约为1.62平方米。——译者注）

第三章

从台场

从位于二十三楼的休息室，隔着东京湾，可以远望到对岸的品川码头。之前，美绪曾经借来资料室的大幅东京地图，试着计算台场至品川码头究竟相距有多远。直线距离还不到一公里，假设有座大桥飞跨东西的话，只需十来分钟就可以到达对岸了。

不过，如果乘坐轻轨电车就非常麻烦了。先得乘坐"百合海鸥号"跨越彩虹大桥到新桥，在那里换乘山手线，经过滨松町、田町到达品川，然后再从品川车站的港南出口搭乘码头循环巴士，一路摇摇晃晃地坐上一刻钟，才能抵达码头。

虽然看起来近在眼前，但并不一定就真的相距咫尺。

美绪正独自站在窗前凝神望着对岸发呆，有人拍了一下她的肩膀。美绪回头一看，原来是跟自己约好一起去吃午饭的同事佳乃。

"看什么啦这么认真？莫非东京湾里会有什么东西钻出来吗？"

或许是美绪太过于专注地望着大海的缘故，因而佳乃打趣道。

"啊，当然不会有什么东西钻出来的。"

美绪无精打采地回答。佳乃走到美绪身旁，也一同眺望起大海来。

"不过，如果真的从东京湾里钻出什么东西来，那也蛮有趣的呢。"美绪继续说道。佳乃随即问道："譬如什么东西呢？"

"嗯……也许会是戈斯拉①吧。"

"戈斯拉？要是真的戈斯拉钻出来的话，倒是会令人惊喜的呢。"

"是吗？戈斯拉可是会喷火的哦。"

"什么呀！是你自己说戈斯拉钻出来也蛮有趣的嘛。"佳乃说着用肩膀撞了美绪一下。

美绪问道："走吧，今天去'幸'荞麦店吧？"

佳乃两手在屁股上拍了一记，说道："好啊，就去那里吧。"说着离开了窗边。

美绪又向对岸的品川码头望了一眼。码头的堤岸在日光照射下显得白亮白亮的，大型货车在堤岸上奔驰着。

“喂，美绪！快走了啦！”佳乃在背后催促着。

“哎，来了来了。”美绪答应道。不过，她的视线依旧在对岸停留了好一会儿。

佳乃已先自离开了休息室，美绪急急地朝电梯间跑去追赶佳乃。恰在此时，久保科长从洗手间出来，美绪差一点跟他撞个满怀。久保科长依旧系着一条跟衬衫毫不搭调的领带，正拿一块手帕擦拭着湿手，那手帕看上去有好几天没洗过了。

“是去吃午饭吗？”科长问。

“是呀。科长你呢？”美绪回答后又反问道。

“反正是到外面去吃吧？那就拜托你帮我随便买一份回来吧。”

“行是行的啦，不过我们至少得一个小时才能回来哟。”

“没关系。”

久保科长说着，用湿答答的手从钱夹里抽出一张千元票子，递到美绪手里：“给，拿这个去买吧。”

“买什么呢？”

“你决定好啦。”

“‘赛百味’的三明治怎么样？”

“三明治就免了吧，吃了就像没吃过一样。”

注① 戈斯拉：日本东宝株式会社出品的系列科幻电影中登场的巨型怪兽名，外形似大猩猩。——译者注

“那……流动盒饭餐车卖的咖喱饭可以吗？”

“咖喱嘛……”

“还说让我决定呢，真是的。”

或许是听到了美绪的声音，佳乃从电梯间的隔墙后面探出头来，张开嘴，不出声地朝美绪叫喊道：“好了没有啊？快点走啦！”

“真的随便什么都行啊，你就看着办吧。”久保科长将脏兮兮的手帕塞进口袋，说完便快步闪进会议室去了。

美绪走向电梯间。只见佳乃脸上露出意味深长的笑容，故意错开美绪的视线说道：“真是不简单哪！看到刚才这一幕，谁能想像得到，两个人曾经在一张床上同卧同起过呢！”

“喂喂！别、别乱讲啊！”

美绪慌忙看了四周一眼。好在是写字楼高层的电梯间，她只看到了空无一人的长长的走廊，以及窗外灰蒙蒙的东京的天空。

“哦对了，上次那个男的你跟他还见面吗？”佳乃突然话题一转问道。

“上次那个男的，是哪个男的呀？”

“你在交友网络上认识的那个男的嘛。叫什么名字来着，浩介？还是亮介？”

“亮介。”

“跟他还见过面是吗？”

电梯门开了，美绪在佳乃背后推了一把。此时刚过正午十二点，电梯里挤满了人，都是在楼上一层办公的信用卡公司的职员。

“一个是比自己大二十岁的上司，一个是通过交友网络认识的比自己小三岁的男生，说起来倒是挺美孜孜的，只可惜两个都不像是真命天子啊。”

佳乃虽然将嘴巴凑在美绪的耳边窃窃私语，但毫无疑问还是被站在前面的高个子男职员听到了，美绪慌忙用胳膊肘狠狠地捅了佳乃一记。

“哎哟！”

佳乃夸张的声音在狭小的电梯里震响。

相隔数月未见，现在终于又要和亮介见面了。经过几番手机短信的往返联络，两人最后约好到月岛的一家小吃店去品尝“文字烧”[①]，因为两人都是一次也没吃过“文字烧”。至于那家店则是美食家佳乃介绍的，据她说，那可是大明星布拉德·皮特曾经乔装光顾过的名店哩。

这天，亮介迟到了五分钟才赶到约定的地铁出口。美绪站在楼梯上面等亮介，还没等他出检票口，沿着地下通道跑到跟前，美绪早已经看见他了——当然从楼梯上面是根本看不到的，只是美绪真切地感觉到，自己仿佛清晰地看见了亮介在地下通道里奔跑的样子。美绪急忙朝楼梯下望去，那里一个人影也没有。可就在一秒钟之后，亮介真的现身了，只见他狂奔而来，几乎就要撞到墙上，他抓住旁边的扶手借力，大步流星地跑上楼梯。为了让自己上楼梯时劲道更足，他使劲拽着扶手向下扯，跨上去，再往下扯……像是要将扶手狠狠扔到身后去似的。

跑到楼梯中段，亮介抬头往上看了一眼，突然停住了。美绪举手同亮介打了个招呼，亮介不好意思地松开抓住扶手的那只手，也举手向她打招呼。

“啊，对不起！”

跨上楼梯之后，亮介立即低头致歉。

“没关系啦，才五分钟嘛。”美绪在他肩头轻轻拍了一下。

注① “文字烧”：一种日式馅饼，将面粉放入汤料，加入卷心菜、小虾等做成，是东京的特产，以月岛所产最著名。——译者注

或许是被日光灼晒得黑黝黝的肌肤稍许白皙了一点的缘故，跟在羽田机场见面时相比，亮介的脸孔看起来似乎更加年轻了。

“我刚才有点事情，所以来晚了。”

亮介虽然并不知道接下来要去的店铺该怎么走，但他很自然地走在了前面。

“已经办完了吗？”美绪跟在后面问道。

“嗯，已经完事了……你知道‘青山萤’这个人吗？”亮介侧过头来问道。

“是那个小说家？”

“是啊。她下午到我住的公寓来，所以我时间耽搁了。”

“你们认识的？”

“哦不，说不上认识……怎么讲呢，算是来采访的吧。”

“采访？是采访你吗？”

“不是采访我啦，她是来采访在品川码头的仓库工作的人。”

亮介只顾低头朝前走，一路走一路说着。虽说是约好两人一起去吃“文字烧”的，可是佳乃介绍的那家小吃店，美绪记得并没有将地址告诉过亮介呀。尽管如此，亮介却丝毫不见踌躇，径直朝那家店铺的方向走去。

“前几天，她到我们仓库来参观，是我领她们参观的。后来她又说还想看看我住的宿舍。从我宿舍的窗户望出去就可以看到单轨电车，她好像对这一点很感兴趣……啊，对了，凉子小姐也曾经从电车上俯视过哩。”

虽然短信通信时并不怎么在意，但像现在这样被称作“凉子”，美绪觉得好像有另一个女子站在眼前似的。

在“文字烧”店里，亮介还是一口一个“凉子”的。每当亮介这么称呼的时候，美绪都想打断他，然后坦诚地告诉他：“对不起，其实我……”然而，每当美绪想表白时，却总感觉亮介好像试图将视线转向他处。美绪心想，如果亮介问起的话，无论是姓名、工作等，自己肯定会如实告诉他的。可是，亮介却一句也没有提及她的姓名以及工作，并且好像在故意强调：跟我现在会面的姑娘就是凉子，绝不是其他的任何人。

“果然连载还没开始呢。”

站在便利商店的书报架前，佳乃突然说。

“啊？你说什么？”因为佳乃的突然开口，美绪不由得用超乎寻常的音量问道，惹得站在书报架前静静翻阅杂志的其他顾客朝佳乃和美绪投来异样的目光。由于正值午休，位于台场滨海公园车站前的这家便利商店里，挤满了从附近写字楼前来买盒饭的男女职员。

“就是这个呀，这个。”佳乃一面留意着四周的目光，一面将手中摊开的杂志推到美绪眼前。“不是说青山萤的新作要开始连载了吗？就是这本杂志吧？”

佳乃手中拿着的，是一本名叫《LUGO》的女性时尚杂志。

“可是，说是上个月才去采访的嘛，所以没这么快就登出来的啦。”

美绪说着从佳乃手中抢过《LUGO》，迅速翻阅起来。尽管以前从没买过这本杂志，但是每次去位于广尾的美容院做美容时，总会闲来无事翻看一下。

“哎，佳乃，你也读青山萤的小说吗？”

“是啊，我蛮喜欢的，譬如《凤蝶》啦《冬天的时钟》等等。”

“好看吗？”

“嗯，看各人的喜好吧。”

“结局呢？都是大团圆吗？”

“那就因作品而异了……对了，那个亮介君，以前就和青山萤认识吗？”站在旁边开始浏览起其他杂志的佳乃随意地问道，好像对此并无多大兴趣。

“他说以前并不认识。好像是偶然到他工作的地方去采访，刚好是由他领着去参观，所以就这样认识了。”

“他是干什么工作的呀？”

“在品川码头的仓库里工作的。”

“品川码头的仓库？就是在对岸吧？”

“嗯，就在那边。”

“他在那里做什么呢？”

“不就是把货物装装船，或者是把船上的货物卸下来嘛。”

“噢——”

佳乃将手里的电视节目指南放回到书报架上，似乎意有所指地拖长声音“噢——”了一声，并且不住地点着头。

“什么嘛，‘噢——’是什么意思啊？”

“没什么啦。”

佳乃离开书报架，去里面的货架上挑选酸奶。美绪正想合上杂志，将它放回到架上去追佳乃的时候，却无意中瞥见“下期内容预告”一行字，于是又翻回到这一页，只见上面用大大的字体写着：“青山萤新作《东京湾景》即将开始连载”。一瞬间，美绪想将这本杂志买下，但最终还是打消了这个念头，将它放回到架上，然后转身离开了。站在身后阅读漫画杂志的男顾客立即一侧身，卡进空位。

美绪和佳乃并排排在收银柜前长长的队列后面，两人各自买了一小盒酸奶。离开便利商店，走在海滨散步道上的时候，佳乃问美绪：“哎，那个亮介君，他怎么样啊？”

“什么怎么样？”美绪假装不明白。

“我是问，你看上他什么地方才和他交往的呢？”

“我和他也没有在交往啊。”

“可是，你们不是已经见过好几次面了吗？”

“才两次而已嘛。”

“是吗？就羽田机场跟吃‘文字烧’那两次吗？”

“是啊，仅此两次。”

“是吗，原来是这样。我还以为你早已深深坠入情网了哩。”

道路旁停着一辆卖咖喱盒饭的流动餐车，美绪想起久保科长托自己买点盒饭之类带回去，便对佳乃说道：“你先回公司吧，我去买一份盒饭再回去。”

美绪买好菠菜咖喱饭，乘电梯直达二十三楼。电梯门一开，久保科长刚好就站在面前。

“咦，科长你要出去吗？我都给你买来了呀。”说着，美绪将装有咖喱盒饭的塑料袋举起来，里面的咖喱盒饭还热乎乎的。

“我必须马上去京桥跑一趟。不好意思，你把它放在我桌上吧。”久保科长略带遗憾地望着袋子。

“啊，是为上次那个合同的事情吗？”

“是啊。对方的部长突然说今天有空见个面。”

“真是辛苦啊。反正你现在是朝银座方向去是吗？那就在半路上先买点东西吃吧。”

正当美绪体贴地嘱咐着的时候，身后向下的电梯已经到了。

“你要是饿了的话，这盒咖喱饭你就吃掉好了。”久保科长将文件资料等塞进公文包里，匆匆忙忙走进电梯。

“我才不需要呢，刚刚才吃过荞麦面。”

话还没说完，电梯门已经要关上了。久保科长从即将闭紧的门缝中朝美绪喊道：“富田还没吃过呢，给他吃吧！”

“遵命。”美绪对着已经关上的电梯门回答。

正像刚才佳乃所说，美绪跟久保科长曾经在一张床上同卧同起过。不过，从头到尾只有那么一次，就一次而已，况且那已经是一年多前的事情了。

那是在地下一楼的居酒屋举办公司新年聚会之后发生的。那天晚上，久保科长喝得酩酊大醉，美绪也喝醉了。

从居酒屋出来，两人一同搭乘“百合海鸥号”。电车驶离台场之后，驶上灯光璀璨的彩虹大桥。车窗外，东京的美丽夜景在视线中向远处延伸，上空的尘雾散得一干二净，露出澄澈晴朗的夜空。东京湾对岸的灯火，仿佛伸手可及般近在咫尺。

久保科长坐在靠窗边，一直入神地望着窗外的夜景，脸孔清晰地映在车窗上。突然，科长把一只手放到美绪的膝盖上。将科长的手挪开也好，装作若无其事地将两只腿对调一下、换个坐姿也罢，可是美绪不知为什么却没有那样做，而且还将自己的手叠在科长的手掌上。

和眼前辽阔美丽的东京夜景下所发生的形形色色的事情比起来，在这条每隔五分钟便有一列通过彩虹大桥的“百合海鸥号”线电车最后一节车厢中，跟自己其实并不喜欢的男人手指相扣，这实在是一件微不足道的事情。或许，是因为久保科长那张看起来十分寂寞的侧脸，拨动了美绪的某根神经吧。不，不止是寂寞，比起此刻即将回到一个人生活的冷清空寂的房间，打开叫早的闹钟的自己，久保科长似乎更加凄寂。同是天涯寂寞心，孤寂的心情彼此分享也未必无可。或许是这种想法起了作用。

美绪煮着荞麦面，打算把早餐和午餐一起解决。其实昨天中午同佳乃一起吃的也是荞麦面。她刚从塑料袋里拿出在附近熟食店买的面拖炸虾，客厅里的电话响了。美绪心想，一定是佳乃打来的。两人约好晚上一起去位于涩谷文化村的“果树剧场”观看《天鹅湖》的，大概是佳乃来电话告诉自己，改一下约定时间的吧。不过，要是佳乃的话，应该打自己的手机才对啊。

她慢吞吞地用毛巾擦一下手，然后拿起听筒。原来是住在博多的母亲打来的。明明是母亲自己打来的，可是当美绪对着听筒应答时，母亲却显出惊讶地说："啊，哎呀原来你在家哪。"

"在家啊，怎么了？"美绪纳闷地问道。

"没什么，我只是想今天是星期六，你可能不会待在家里呢。"

"真那么想的话，应该不会打电话来才对吧？"

美绪好像隐约明白了母亲打电话来的目的，于是口气生硬地说道。

"还不是你爸啰嗦个不停，一直要我打电话给你。"

"有什么事吗？"

"谁晓得啦。有事的话就自己打好了嘛，干吗硬要我打。"

美绪想像得到听筒那端母亲正唠唠叨叨，而父亲则坐在旁边盯着电视机的样子。

"爸爸在吗？"

"在啊。我叫他来听吧。"

电话那头母亲说着，朝父亲喊道："喂！她爸，美绪叫你来听电话！"尽管是用手捂着话筒喊，不过声音还是清晰地传到美绪耳朵里。

"咯哒咯哒"，传来话筒搁在柜子上的声音。过了一会儿，便听到父亲冷淡的话音："喂？"

"喂，怎么了，有什么事情吗？"

"啊不，没什么特别的事。"

"可是，不是你一个劲地叫妈打电话给我吗？"

"我可没叫她打啊……"

美绪用手指轻轻抹去积在电话按键周围的灰尘。"又是关于相亲的事情吧？我不知道你们怎么跟对方说的，总而言之我还没有……"由于父亲在电话那端一直沉默不作声，美绪只好直截了当主动切入正题。

“等等、等一下……爸爸也没说要你现在马上就结婚呀，只不过……”父亲结结巴巴地说道，随即又把母亲叫回来听电话：“喂！还是你来说吧！”

“喂！等一下！爸！喂喂？”

美绪急切地叫着，可是听筒里传来的却是母亲不耐烦的声音：“喂，怎么啦？”

“什么怎么啦？！话还没讲完就换人听！”

“噢，真是的，干吗不自己跟美绪好好讲清楚呢？”

母亲又不满地絮叨开了。将母亲唠唠叨叨的话梳理一番，美绪才明白：原来是那位相亲对象这个月底要来东京出差，对方的意思是，如果觉得特地回一趟博多相亲不方便的话，在东京见个面一起吃顿饭应该没问题吧。

“爸好像对那个人非常中意哪。”美绪无可奈何地说。

“反正等具体日子确定了之后，我们会再给你打电话联络的。”

“不去见不行吗？”

“那样的话不是太可怜了吗？”

“你说谁可怜？”

“还能说谁，当然是你爸啦。”母亲把话说完之后，便利落地挂上了电话。

“等一下！喂喂！怎么回事情嘛！”

美绪一面接听电话，一面已将锅子的火熄灭了。可是，因为没有及时用凉水激，放置了有一会儿的荞麦面看上去毫无光泽。

美绪从餐柜里拿出买回来后只使用过一次的竹卷簾，将没了韧劲的面盛放在上面，接着在小碗里倒入佐料汁，再撒上一些葱花。将荞麦面和佐料碗一同端到客厅的矮桌上后，美绪一屁股坐在坐垫上，“哧溜哧溜”地吃起来。

柔和的阳光照射在房间里。因为没开电视机，所以不时传来窗外孩子们的嬉戏声。

正在厨房洗碗时，放在客厅里的手机响了起来。这下肯定是佳乃发来的更改时间的短信了吧，美绪想着回到客厅，翻开手机盖一看，却是亮介发来的短信。

“现在在做什么？”

美绪下意识地用大拇指抚摩着手机的显示屏，脑海里浮现出亮介在发出短信之后，七仰八叉地躺在榻榻米上的样子：两手搁在平坦的胸腹部上，长长的手指也许像敲击钢琴键似的，正在得意地上下敲着点儿呢。美绪不由得将手机朝床上扔去，手机重重地掉在床上又反弹到墙壁上，最后落在羽绒枕头旁。

脱去上半身的衣服之后，露出了胸口那道长长的烧伤疤痕。从结实的肩膀开始，疤痕几乎爬满了整个左胸部，使得美绪不由自主地屏息凝视着。亮介见状，抚摩着左胸解释道：“这是小时候玩火，不小心火窜上来烧到的……”

“啊！那一定很痛吧？”

美绪自己也明白这是一个很愚蠢的问题，可是，一时间她竟找不到其他的话。看着那道可怕的疤痕，她仿佛觉得，自己浑身的肌肤正在被炙热的火燎烤着。

“当然很痛啦，到底是火嘛。”亮介苦笑着回答道。

坐在酒店的床上，美绪好像被什么东西牵引着似的，她站起身，将手掌慢慢放在亮介的左胸上。刚才感受到的炙热似乎就来自这里，那道火烧的疤痕简直美丽得实在令人不忍卒睹。

在月岛那家“文字烧”小吃店里，亮介一直寡言少语，没说什么话。但就在两人坐上出租车，美绪告诉司机“到银座”的时候，亮介突然开口问：“接下来做什么呢？”

“要不要去银座接着玩一会儿？”美绪提议道，“再去一家店喝几杯然后再回去吧。”

“我对那一带不太熟悉啊。”亮介伸长了脖子，欣赏着挡风玻璃外面的景色。

“我倒是知道几家还不错的酒吧……反正你不介意去哪里的吧？”

“嗯，我无所谓啦。”亮介稍显不满地回答。

“是不是……你想回去了？”美绪感到不安起来，她尽量压低了声音，不让司机听到。

“啊？”亮介的表情仿佛打心底里感到吃惊似的。“你为什么这样问？”

“可是……你看起来好像不太情愿的样子嘛。”

听见美绪这样说，亮介侧过脸，认真地盯着她的眼睛看了许久。“我怎么会想回去呢？”他用几近生气的语气问道。

“啊，对不起。”美绪连忙道歉。这时，亮介突然紧紧握住了美绪放在座位上的手，说道：“干脆直接去我家吧！”

“啊？”

“我是说，现在就……”

“等、等一下！为什么你总是这样性急呢？”

“我没有性急啊。”

“明明就是性急嘛。第一次见面的时候也是，在单轨电车上就突然间……”美绪顾虑到被出租司机听见，于是话说到一半便打住了。

“我不是突然间想到的，其实我考虑了很久。”

亮介的话中带着一股孩子气，美绪情不自禁地笑出来。亮介原本就是个话语不多的人，刚才在“文字烧”店里，他的目光几乎没有直视过美绪的眼睛，只顾默默低头吃着“文字烧”，谁晓得他心里竟然一直在想那件事情。想到这里，美绪觉得自己的体内好像被什么撩拨得痒痒的，倒不是亮介的那句话，而是别的东西。

“对不起，请问两位去银座的什么地方？”出租司机回过头来问道，不知是不是因为听见了两人的对话。

美绪和亮介对视了一眼。“嗯……麻烦开我们去银座八丁目那里……在八丁目的日航酒店前面停车好了。”美绪凝视着亮介说道。亮介张开口想说什么，可是什么也没说出来，只觉得好像松了一口气似的，微笑起来。

不记得是哪本杂志了，只记得有一篇关于府中市某个禁酒团体的采访报道，其中这样写道：所谓“耽溺”指的是一种自我丧失，灵魂被吸空的状态，与“迷恋”完全是两码事情。“迷恋”只是感觉的问题，而“耽溺”则是灵魂的问题。

在日航酒店临窗的床上，亮介狂暴地索求着美绪，不是肉体上的，而是精神上的索求。亮介温柔地啃咬着美绪的全身，直到激情的闸门喧嚣难抑——两人同时急切地想尽早品味下体与下体交叠那一瞬的感觉。

亮介的舌头探入口中，嘴边的唾液已分不清是自己的还是他的。亮介轻轻地咬着她的嘴唇，她的脖颈。每当他坚硬的牙齿轻触到自己的肌肤，臀部就好像痉挛似的剧烈震颤起来；感觉湿濡濡的，不知道是自己的身体还是他的身体。双手想要逃跑般地死命抓住床单，可是指尖却不由自主地在腋下和腹侧抚摩着。在凌乱的床单上辗转翻滚的自己，就像一片树叶一样，身不由己，乳房也好，后背也好，肩膀也好，腰部也好，都仿佛已不是自己身体的一部分。真不想让人看见自己被如此任意摆布的样子，然而，哪怕是动一动手指头都做不到，全然无法做丝毫的抵抗……

美绪一面竭力镇定住急促而紊乱的气息，一面拼命想寻找出一个理由，自己究竟为什么会在亮介面前如此大胆癫狂。假如没有任何理由的话，那便不得不承认，自己原本就是这样一个女人。或许是因为自己现在仍旧是“凉子”的缘故吧，又或者是因为亮介胸口火烧的疤痕，才让自己变得这样的吧。总之，美绪热烈地渴求着他那甜蜜而狂暴的爱抚，并且快乐得几乎失声叫喊起来，而对于这样的自己，她急切地需要给自己一个解释。

《天鹅湖》的公演结束后，美绪站在文化村“果树剧场”门前，等候上洗手间的佳乃出来。她将刚才置于关机状态的手机重新开机，白天收到亮介“现在在做什么？”的短信后，还没有给他回信呢。

犹豫了片刻之后，美绪打开到短信栏，查看有无新的短信进来。刚才一面在观看《天鹅湖》，一面不知为何，老觉得亮介会发短信进来。当她看到显示屏上显示“没有新的短信”时，刚好佳乃也已走出洗手间，正穿过大厅朝这里走来。美绪将手机放入提包，向迎面走来的佳乃问道：“接下来做什么？要不要去吃点东西后再回去？”

“好啊，我本来就是这么计划的嘛。”佳乃一面顺着涌向大街的人流调整步伐，一面嘟着嘴回答。

“不过，这附近有一直营业到这么晚的餐厅吗？”美绪紧跟在佳乃后面。从剧场散场出来的人群挤在狭窄的人行道上，排成了长长的队列。

“葡萄牙料理怎么样？”由于两人没办法并肩而行，佳乃只得回过头来跟美绪说话。

“好呀。就在附近吗？”

“嗯，马上就到了。”

美绪和佳乃挤出涌往涩谷车站方向的人流，穿过横道线来到马路对面。沿着通往松涛方向的街道，朝涩谷车站反方向走了一小段路，前面有一间便利商店，在可以停放两三辆汽车的停车场上，五、六个年轻人正席地而坐，大声喧笑着。

“哎，没有预约也不要紧吗？”美绪将视线避开这帮年轻人，同时问佳乃。

“我想大概没问题吧……”佳乃看着这帮年轻人，脸上也露出极其厌烦的神色。

“喂，你！不要这样子啦！讨厌死了！”

一名坐在地上的女孩子，一面大口吃着肉包子，腮帮子塞得鼓鼓的，一面尖声高叫着。再一看，原来是站在她身旁的一个少年，正调戏地将自己的下半身往女孩子的脸上蹭。

“噢噢噢！让我们瞧瞧它硬起来了没有啊？”

“去，讨厌死啦！”

“喂！还没硬起来哪！”

坐在地上的其他人下流地跟着起哄，他们似乎故意发出很大的声音，以便让路过的行人也能听到。

美绪和佳乃低着头，视线几乎只盯着自己的鞋尖，从这帮人占据的便利商店门前匆匆走过。

那群年轻人淫荡放肆的笑声渐渐远去之后，佳乃以极其厌恶的语调说：“瞧他们那副德行，简直就跟动物一模一样！”

美绪瞥了一眼佳乃的侧脸，轻轻叹了口气，接着道：“没错，动物只要‘呜——汪汪！’地叫几声，一定也可以和他们沟通呢。”

佳乃直到这时才抬起头，随即摇着头说：“我看他们肯定是脑袋空空，没有思维的家伙。”

“我们上高中的时候，不也是脑子里什么事情也不想吗？”

“可我们至少没像他们那样啊。”

“那倒是，还没落到像动物一样的地步。”

“就是，简直是一群畜生！如果把他们当作畜生看待的话，看着也就没那么让人生气了。”

佳乃说着，停下脚步，在十字路口前确认左右来车。

美绪也停了下来，站在佳乃身旁情不自禁地问道："不过……动物真的是什么事情也不想吗？"

"当然什么事情也不想呀。"

"真的吗？"

"当然啦，所有行为都是由本能驱使的。啊，肚子饿了；啊，发情了；啊，好困呢……难道不就是这样吗？"

"也就是说，像羞耻啦难为情啦等等这些感情，动物都没有吗？"

"羞耻？难为情？要是那帮家伙懂得这种感情的话，就不会那副德行了吧？"

佳乃转过身，用下巴指了指便利商店门前还在发出尖声怪叫的那帮年轻人。

佳乃领美绪去的葡萄牙料理店，是一家小巧雅致的餐厅，不论哪一道料理，全都与微甜的葡式葡萄酒相当对味。

用餐完毕之后，佳乃上洗手间，而美绪正品饮着香味浓郁的意大利蒸汽咖啡的当口儿，提包里的手机响了起来。美绪拿出手机，打开到短信页面，原来是亮介发来的短信："请和我联络，几点都没关系。"不知是忘记删除了还是话没写完，短信的最后还多了个"等"字。大概亮介原本是想这样写的吧：请和我联络，几点都没关系。等你回信。

美绪正出神地看着短信，佳乃从洗手间返回，在她的肩上拍了一记，一面在椅子上坐下来一面作势要看美绪的手机，问道："是谁发来的短信？"

"没有啊。"

"又是他吧？"

美绪什么也不说，只是将杯底剩余的咖啡一饮而尽。

“……哎，我问你个隐秘的问题，佳乃，你可别在意啊。你有没有遇到过这样的人，怎么说呢，他让你感觉到‘哇！这个人真棒！’之类的？”等服务生走过餐桌之后，美绪突然问道。

“什么呀！怎么突然问这样的问题。你说的真棒，是指那个事情？”

“嗯。”

“那，浩介君很棒吗？”

“不是浩介，是亮介。”

“啊，对对对。”

“不知道算不算棒……”

“很合拍吧？”

“什么？”

“人家不是常说，男女之间有合拍不合拍之分吗？美绪跟他一定很合拍吧？……哎，感觉怎么样？”

“什么感觉怎么样？”

“就是他的身体嘛。”

美绪眼前浮现出亮介胸口那道显眼的火烧的疤痕。

“很爽吧？”

“嗯，还可以啦。”

“也就是说，你们之间不是爱啦情啦什么的，而只是身体上的愉悦？”

“看你说什么啦？！”

“难道不是吗？”

和亮介共度一宵后从酒店出来时，美绪突然很想将自己的真实姓名告诉亮介。因为亮介问她：“下次什么时候再能见面？”他脸上的表情明白无误地显示着，昨晚两人之间已经萌发出某种东西。不过即使这样，美绪还是清楚地意识到，显然她已错过了最佳的时机。美绪最终还是没有说出来，便在地铁车站与亮介道别了。

在那之后两个星期里，亮介几乎每天都会发短信来，美绪这边则有时回信有时不回信。每当亮介提出周末见面时，美绪总是以“这礼拜周末要加班”、“这个礼拜说好了要去伯母家”等理由回绝，但一看便知道是编造的借口。

“哎，你可千万别把我当成是个讨人厌的女人啊！”佳乃拿出钱包放在桌上准备买单时，美绪突然来了这样一通开场白。

“什么事啊？突然说这个。”

佳乃正从钱包里拿出一张万元钞票，她用怪异的表情看着美绪。

“其实……我和他在一起的时候，根本没感觉到开心。”

“啊？”

“我是说，跟他在一起时，真的觉得很无聊。”

“你刚才好像说你们很合拍的啊？”

“可好像也只有身体上的合拍啊。”

美绪生怕被人听见，因此压低着声音说话。佳乃一时也不知道该如何宽慰她才好，只得把弄着那张万元钞票，试图将上面的皱褶弄平。

“你是不是希望我安慰你一句：‘没关系，你只要好好享受这鱼水之欢就行了’？”

“不是那样啦。我只是在想，如果换成佳乃的话你会怎么做？”

“如果换成我的话，我当然会那样做。”

“怎么做？”

“也就是说，逢场作戏而已，不必太认真啦。”

“假如对方是打算认真交往的话，你也会逢场作戏吗？”

“他是认真的吗？”

“大概是吧。”

“可是你却没法喜欢他？”

“我也不知道该怎么说……其实我们做到一半的时候……”美绪为了不让四周其他的客人听见，将脸靠近几乎贴在桌子上的佳乃的脸旁说道。“怎么说呢，我心里曾经想：要是这个人只是一具纯粹的躯体就好了。”

“什么叫只是一具纯粹的躯体？”

“就是说……”

“难道你是说把对方仅仅当成泄欲的工具？那样未免太对不起人家了吧？”

此时服务生将账单送过来，两人的讨论于是就此打住。美绪一面从钱包里拿出账单金额一半的钱来，一面心里却觉得：也许刚才由于实在难以表白，没有把意思表达清楚，总觉得对佳乃说出来的和她实际上想表达的意思有所出入。其实她并不是想把亮介当成一具纯粹的躯体，而是自己也很想成为像他那样一具纯粹的躯体。

一个星期后的星期二，美绪接到了自称“井上”的人打来的电话。那天她刚要离开公司前往银座去洽谈业务，突然接到这个号码陌生的电话，她犹豫了片刻到底要不要接。但一转念，想起来曾听母亲说起过最近买了一个手机，说不定是母亲打来的，于是接起电话。

“请问是平井小姐吗？”对方问道。

“是的，我是平井。”美绪回答。电话的另一端，对方好像在强忍着笑意似的。

“很抱歉，请问您是……”美绪用颇为冷峻的语气问道。

“啊，不好意思，我叫井上。我是从令尊那里得知您的电话号码的。”

尽管对方的措辞礼貌得体，但还是让人觉得有些欲笑又忍的感觉。

“我父亲？”

“是的。我是在令尊手下工作的……”

原来母亲曾经提起过的那个相亲对象。

“……听令尊说，这个月底我来东京出差的时候，可以跟平井小姐见个面……”

“啊，可是我还没……”

“我知道，我也从平井部长那里听说了，平井小姐好像还在考虑当中。”

对方的声音像是在哪里听到过，可是美绪却怎么也想不起来。

“请问一下，我们以前曾经晤面过吗？”

美绪一面匆匆走在台场海滨公园车站前的广场上，一面试探着问。

“晤面？哈哈，你这妮子还是老样子啊，说起话来文绉绉的。”

“啊？！”

“是我啦，井上幸治啊。”

“井上幸治？……井上就是……就是那个井上啊？”

“对啦，就是那个井上幸治哟。”

“等、等一下，咦？可是……你怎么会……”

“就是我想和你相亲呀，所以这才打电话给你啊。”

“到底是怎么回事啊？”

井上嘿嘿笑着，将事情的来龙去脉解释了一番。美绪和这个井上是高中时的同学，两人都曾是校田径俱乐部的。听说他考上博多当地的一所大学后，和同班一个叫黑崎的女生谈恋爱，后来就再也没有听到过他的消息。

“这次只不过是业务上的事情到东京出差，其实从下个月起，我要调到东京分公司工作一年哩。”

“那就要在东京住下了？”

“总不能每天从博多乘车上下班啦。”

听井上幸治介绍，他前些时候工作调动至另一家分公司，那家分公司的经理刚巧就是美绪的父亲。这次之所以会有相亲之事，也是因为父亲知道了他跟美绪曾是同学的缘故。

“这么说来，我父亲早就知道了，只是故意瞒着我不说了？”

“嗯，他说要是不这么做的话，你是不会同意相亲的。我可是都跟你父亲交代清楚了啊，说我跟你是高中的同学，同在一个田径俱乐部，而且很谈得来……”

“谁跟你谈得来啦？”

“你只是装作讨厌我，其实你明明是喜欢我的嘛。”

“别胡说八道了！”

确实，井上在学校的时候相当受欢迎。他不是那种独自坐在教室的一隅，老是呆呆地朝窗外眺望的装酷的帅哥，而是另一种类型的学生明星：每逢学校举办校庆活动时，他能组织起一支朋客乐队大出风头，举行运动会时他又总是充当拉拉队长。他身边总是聚集着一群男生，在校园内任何一个角落，都能听到他们发出的低俗的喧笑声。一靠近他们，便会闻到一股汗臭味，可稍稍远离了他们，又会被他们的喧笑声搅得心神不宁。对美绪来说，井上幸治就是这样一个让人无可奈何的人物。

有一次，高中联合运动会结束后乘巴士返校，美绪跟井上幸治正好座位紧挨着坐在一起。

“啊，俱乐部的活动就这么结束啦！”井上感叹道。“好可惜呀，”美绪接着说道：“其实只要预赛出线的话，我们就能进决赛了！”井上苦笑着说：“我每次老是这样，老是到最后的紧要关头缺点运气啊。”

与往常不同，井上的笑容里带着一丝落寞，美绪不经意地朝他的侧脸瞥了一眼，只见那对大大的眼眶里似乎噙满了泪水。美绪本来想嘲弄他几句逗逗他，但随即将视线转向别处，并且岔开了话题："哎！幸治，你决定好报考哪所大学了吗？"

"你呢？"

"我是保送升学啊。"

"哦，对了，是东京的大学吧？"

美绪虽然想跟井上再继续聊下去，这时一个叫米仓的低年级同学却从前面跑过来坐到了旁边，于是井上又像往常一样，胡天海地地侃起来，一直到巴士驶抵学校，都再没有扭头朝美绪看一眼。

近两个星期以来，美绪每天都忙得不可开交。在这家大型石油公司的宣传部已工作了将近六年，有越来越多的工作已经离不开她、没她不行了。即使有时也会觉得身心疲惫，但她仍然感到心里很充实，仿佛每天都是在征服某个目标似的。

去年由她负责制作的公司形象海报，获得了广告界的一个小奖项，下一次的绩效考核，基本上可以确定晋升至主任职位。其实美绪并没有特别强烈的出人头地的欲望，只不过自己的工作表现和能力得到肯定的话，便会自然而然地觉得精神振奋。

或许是因为美绪回信不积极的缘故，亮介的短信也最近明显少了，大约三天才会发来一则，而且内容简短得只有一两句话。有时亮介来信问："这个周末还是很忙吗？"美绪本想好好向他解释一下，但在公司里总是没时间静下心来回信，于是想回家后再给亮介回信。可是一回到家，冲完澡躺到床上，便懒得打开手机，只消一会儿就沉沉地进入梦乡了。

有一次，在从台场驶往新桥的"百合海鸥号"电车中，美绪给亮介发了一则长长的“短信”。虽然写得拉拉杂杂，没什么具体内容，但是信发出后，很快就收到亮介的回信，不过里面只有短短的一句话：“加油工作喔！”

“哎，下午的拍摄几点钟开始啊？”

美绪正坐在桌前修改广告小册子的文案原稿时，佳乃从面前走过，问了一句。

“三点开始。怎么了？”美绪答道，然后重新埋头于文案。

“还没吃午饭吧？”

“啊，已经到吃饭时间了？”美绪朝放在桌子上的手表看了看，已经过了下午一点了。

“哇！工作得这么投入，连时间都忘记啦？”

“唉，后天就要截稿了，可到现在稿子才来了还不到一半。”

“你是交给谁做的啊？”

“就是以前科长也一直请她写作的今泉。你不知道她吗？”

“就是那个曾经到中东旅行过好几年的人吧？”佳乃说着，将桌子上的文案原稿拿起来，“这次的海报也做得相当好呢。”

“真的吗？”

“其实我是在加油站看到贴出来的。说真的，感觉确实不错，小孩儿们的表情等表现得非常可爱。那个摄影师是你找来的吗？”

“不是，是营业部的三峰先生介绍的。”

佳乃一面将文案原稿收起来，一面对美绪说道：“走，一块儿去吃点东西吧！”说着，朝美绪背上拍了一记。

两人一同乘电梯下楼。刚走出大厦，佳乃突然提议道：“哎，今天天气这么好，咱们别去‘幸’吃荞麦面了，到海滨的沙滩去怎么样？”

“沙滩？会冷吧？”

“说什么呀，你看，这么好的天气。”

正如佳乃所说，吹拂在脸上的风跟前几天料峭的海风确实大不同。再想像着中午拥挤的荞麦店里，跟其他客人挤坐在一张桌子上，“哧溜哧溜”吃荞麦面的样子，便同意了：“说得也是，那就去吧。”

“难得去沙滩吃午饭，不如喝一点啤酒啦？”佳乃说。

“中午喝酒，要是被别人看见怎么办？”

“你在说什么啊？我们这么卖力地工作，不会有人说闲话的啦。”

虽然是平日，但通向沙滩的滨海大道上依旧人群熙熙攘攘，大多是前来“迪克士中心”和“海港城”购物的人。道路旁的投币式收费停车场内，停满了五颜六色的轿车；一对对情侣身穿春天的服装，惬意地享受着迎面拂来的海风。

“对了，学生们已经开始放春假了呀。”佳乃的语气里似乎带着一丝妒意。“台场到底是一个玩乐的地方嘛，像我们这样在这种地方工作，实在是奇怪啦。”

等车流稍息之后，美绪举步穿过了马路。佳乃紧跟在后面，问美绪：“话说回来，假日里你会到这种地方来玩吗？”

“那要看是跟谁一起来了。”

“该不会是和久保科长吧？”佳乃笑着调侃道。

“干吗扯到科长身上去啦？”

“那，和浩介君呢？”

“跟你说过多少次了，不是浩介，是亮介！”

美绪和佳乃跨过路旁的护栏，从行道树的另一侧隐隐地飘来大海的气息。

说实话，美绪对台场这个地方并无好感，只不过因为公司刚好在台场，所以她才会每天往来于此地，假设工作地点不是在这里的话，美绪可能一辈子都不会到这里来。因为这种看上去很豪华很高档的人工雕琢的感觉，却恰恰让人对它的品位不敢领教。周末到这里来游玩的情侣们，其实大多抱有同感，走在路上或沙滩上，不经意间飘进耳朵的对话常常是：

“这地方真是一点也没意思啊。”

“是啊，真的大失所望呢。”

美绪心想，想必大家都是为了一吐这样的牢骚，才到台场来的吧。不止是台场，甚至全国各地的观光景点，大概也都是因为这个理由才存在的吧。

美绪在滨海大道旁的餐厅买了两份“总会三明治”，然后走向沐浴着灿烂阳光的沙滩，只见佳乃在树阴下铺开一块旅行用的苫布，朝她挥手招呼着：“美绪，这里这里！”

“咦，那块苫布是哪儿弄来的？”

“去便利商店买啤酒的时候刚好看到在卖，才五百元。”

“哎呀，这样子搞得好像真的在郊游呢。”说着，美绪在苫布上坐下来。

“不管什么事，要做就要做得彻底一点嘛。”佳乃一面说，一面从塑料袋子里拿出罐装啤酒。

沙滩上除了年轻的情侣之外，还有举家同游的三口之家。父亲将女儿抱在手上，在沙滩的最边缘踩着浪花散步；母亲则提着孩子的鞋子，一步一步慢慢地跟在后面，仿佛在细细品味沙子的触觉似的。

“他们不冷吗？”

看着这一家人，美绪不禁自言自语道。

这片海滩一点也不美。它不过是在银色的东京湾畔，由人工堆造出来的一片沙滩而已，甚至连偶尔掠过沙滩上空的海鸥，也让人怀疑它们是不是假的。横过大海吹来的风，则裹卷着湿润的潮水气味，不仅让人想尽快远离此地。

“啊，对了，这个这个。”

佳乃才喝了一口啤酒，便急急地从塑料袋子里取出一本杂志。

“那是什么？”美绪说着，伸手想去接杂志。

“等一下！让我先看！”佳乃用手肘挡住美绪的手。

佳乃摊开在膝盖上的是一本女性时尚杂志《LUGO》。

“好像是今天才上架的。”佳乃用纤细的手指翻阅着杂志，她跳过了夏季凉鞋特集，又跳过夏季化妆特集，最后手指停下来的地方，正是青山萤的连载小说《东京湾景》。

佳乃开始专心一意地阅读起来，美绪只好一面啃三明治，一面出神地望着大海。太阳光照射在沙滩上，使得沙滩上并不感觉怎么寒冷，不过，透过苫布传递上来的沙子的质感，却还是带着几分凉意。

吃完三明治，美绪慢慢地走向海浪边，等她回到原处，佳乃也刚好将两整页的小说读完了。

“原来如此。”佳乃将杂志一扔，朝着天空伸了个懒腰。

“什么啦？‘原来如此’是什么意思啊？”美绪一面坐下，一面将杂志拿到手上。“怎么样？好看吗？”

美绪正要翻开杂志读，佳乃一把按住了她的手。

“怎么啦？”

“我先跟你把话说在前面喔，这篇小说啊，写得非常忠实哪。”

“忠实？什么意思？”

“就是说呢，小说的男主人公‘永井英二’，我想八成写的就是亮介。”

“你在说什么啊？”美绪说着，将已经翻开的杂志又合上了。

“反正你自己读吧，我是想让你先有个心理准备嘛。”

“心理准备？你到底在说什么啊？”

“嗯，该怎么说好呢……”

见佳乃欲言又止的样子，美绪着急地摇着她的肩膀问：“喂，你怎么回事啦？真叫人心急！”

佳乃顺势很夸张地摇晃着身体，说道：“要是小说当中写的都是事实的话，那个亮介好像是有女朋友的哦。”

“啊？”

“我是说，亮介看来有个女朋友，就是住在隔壁那个同事的女朋友的朋友。”

“什么？小说里是这么写的吗？”

“还不止这些哩……”

“还有什么？”

“还写了一个他去年夏天通过交友网站认识，然后在羽田机场约会的女子，那个女子撒谎说自己的名字叫‘理子’，在滨松町的‘巧仕客’工作……”

“什么？！”

“怎么样？大吃一惊吧？”

是翻开杂志阅读还是不去读它，犹豫了好一会儿，美绪最终还是将杂志扔在了地上。

“哎，我想问问看：为什么会说是在‘巧仕客’工作的呢？”

“以前念书的时候在那里打过工，所以我就……”

阳光突然间黯淡了下来，刚才还银白耀眼的海滩顿时成了灰扑扑的人工沙滩。美绪抬头望了望天空。不知从哪里飘来一大片厚厚的云层，遮住了太阳。海上的风也顷刻之间变得冷飕飕的，一旁的佳乃开始打起哆嗦来了。

“差不多该回去了吧？”美绪问。

“杂志你不看了吗？”

“等抽空再看吧。”美绪回答。

夜晚时分，从台场滨海公园站驶出的“百合海鸥号”电车，缓缓驶过左手边灯火通明的人工沙滩，渐渐地将台场抛在了后头。随后，与首都高速公路海湾线合流，一同驶向彩虹大桥。

这列电车上没有驾驶员，完全由电脑控制，因此台风季节自不必说了，只要碰上强风的天气，电车就会暂停行驶。此外，每天早上的上班高峰时段，只要靠车门站立的乘客风衣被车门夹住，电车也会像个赖在地上撒娇的孩子一样，死活也不肯动弹。

有一次，美绪与佳乃一同乘坐“百合海鸥号”，佳乃说：“明明知道是很安全的，但是乘坐这种无人驾驶的电车，总是令人感觉不安。”

“为什么？”美绪问。

佳乃笑了笑道：“其实也没有什么原因。只是一想到这列电车竟然没有人在驾驶，就不知道为什么，总是不由得感到一点点不安。”

这么说的时候，美绪还没有完全理解佳乃的意思。可是，当两人至终点新桥站下车，在JR线的检票口与佳乃道别后，美绪独自一人站在山手线的站台上时，突然觉得自己好像切身体会到了佳乃所说的：“不由得感到一点点不安”。

当然，并非是那么明白地体会到的，而是模模糊糊、似懂非懂地，“不由得”感觉到自己好像是明白了又好像是不明白。那虽然并不是一种清晰的“不安”，但说它“不是不安”也不准确，好像是一种介于“不安”与“不是不安”之间的极其微妙的感觉。

美绪坐在两两相对的四人座位的靠窗位置，由于现在已过下班高峰，又未到末班车时间，所以车厢内乘客并不多。

不经意间朝对面的座位上看去，虽然这几天都不下雨，可坐在对面那个公司职员模样的年轻男子手里却拿着一把黑色雨伞。莫非一场早春的雨即将来临？

或许是因为美绪视线茫然地望着那把雨伞的缘故，年轻男子误以为雨伞妨碍到了美绪，赶忙将雨伞移到里侧，想挂到车窗上去。美绪略略有点不好意思，于是将目光转向车窗外，窗外是美景依旧一如平常的东京湾夜景。

灯火辉煌的彩虹大桥近在眼前。电车从台场向芝浦码头方向行驶的途中，在跨越东京湾之后便划出一个巨大的圆弧，从日之出栈桥迂回绕行至滨离宫庭园。透过沿着巨大圆弧行驶的“百合海鸥号”的车窗，左右两侧都能三百六十度大视野地欣赏到东京湾的全景。

美绪将视线从窗外的夜景中收回来，她的膝盖上放着一本《LUGO》杂志。

从“百合海鸥号”的终点新桥站转乘山手线的美绪，到达品川车站时已经过了九点钟。本来，她应该乘坐山手线到涩谷站才下车，再从那里换乘田园都市线至樱新町的。之所以会突然决定在品川站下车，是因为刚才在“百合海鸥号”上，美绪仔仔细细地读了青山萤的那篇连载小说。青山萤在小说《东京湾景》中，详细叙述了从品川车站港南口步行至主人公“永井英二”所住的公寓的路径。

去年夏天和亮介一同乘坐单轨电车时，美绪曾经一度从车上俯视过亮介居住的公寓，不过却从来没有亲自踏上过那片码头。然而，读着青山萤的小说，美绪却不由得产生了一种错觉，仿佛自己曾款步行走在码头的道路上，去过亮介所住的公寓。

出了品川车站的港南口，美绪便按照小说中的描述，踏上了这条街道。傍晚时分，挤满了码头工人的喧闹的站前小酒馆，狭窄的道路两侧一间挨一间的韩国式美容院，穿过车流熙熙攘攘的旧海湾大道，便来到了架设在高滨运河上的御楯桥……一切都和小说中描写的一模一样。美绪低头看着黑色的运河走过桥面，左手侧是一大片住宅小区。青山萤的小说中，就有主人公“永井英二”与女友“仓田爱”穿越这个昏暗的住宅小区走回公寓的情景。

美绪在路口犹豫了一会儿，最后决定不进入小区，而是改走笔直的车道。望着右边鸦雀无声的住宅小区朝前走，不多时便来到了一条双向六车道的大路，路的另一边，是黑压压的一大片仓库群踞立在夜幕之中，令人看着心里直发怵。

交通信号灯规则地闪着，可是路上却没有一辆车子驶过。忠于职守但却不知是为谁而尽职的信号灯，不免给人一种虚伪的感觉。

小说中的仓库街是漆黑一片的。然而，真正来到此地才发现并非漆黑一片，在苍白的路灯光照射下，整个仓库群的轮廓隐隐约约地浮现了出来。

今晚，美绪并不是为了想见亮介而来这里的，只不过就是想知道，按照小说的描述从车站起步，是不是真的可以到达亮介——不，应该是“永井英二”所住的公寓。

穿越马路前往仓库区的信号灯，在数秒钟前已经变成绿色。是否真的要从这里穿过马路，美绪终究还是下不了决心。马路的这一侧，可以看到远处有便利商店的灯火，但是如果穿过信号走到马路的另一侧，那里就是真正的仓库区了。这对于一个夜晚独行的女性来说，是需要勇气的。

沿街的仓库中有一间没有放下卷帘门。美绪拼命地朝里面窥视，可是光线实在太暗，就连仓库有多大都无法得知。黑暗中，只感觉好像高高地堆放着装满货物的纸箱，但又像是一个黑咕隆咚的巨大空洞，仿佛无论你怎样伸手探寻，却总也摸不着边。

信号又转成红色，美绪开始打退堂鼓了。从这里穿过马路并非难事，但要从仓库群中找到那幢公寓可不是件容易事。小说的描述只写到这一带为止，“永井英二”住的公寓究竟是在仓库区的何处，却没有交代清楚。不过，从那幢公寓的窗口可以看到单轨电车的高架轨道桥，而从美绪此时所站立的马路口，同样也能看到远处有一条像是高架轨道桥的黑影。

心里斗争了一阵，美绪最终还是决定返回车站。就在此时，刚才一直注视着的仓库群中，突然透出一束光亮，好像是一辆车子从旁边的小巷行驶而来，车前的灯光照射在水泥墙上，随着车子驶近，光亮也逐渐增强。

美绪停住刚欲返回的脚步，定睛注视着那道光亮。原来从旁边小巷里飞驰而出的不是一辆汽车，而是一辆助动车。助动车以几乎撞到墙上般的高速飞驰而来，接着猛地一个急刹车，便来到了美绪所站立的大马路口，在美绪的眼前又来了个大转弯，然后朝便利商店的方向疾驶而去。

驾驶助动车的男子穿着一套灰色睡衣，赤脚趿拉着拖鞋。一瞬间，美绪觉得黑色头盔中那双眼睛似乎向自己瞟了一眼，于是慌忙朝车站方向疾步走去。

这时，疾驶而去的助动车却突然一个紧急刹车，在距离美绪大约十米远的地方停了下来。男子脱掉护头盔，朝这边望着。美绪迈出去的脚步又缩了回来。

“凉、凉子！”

男子对她叫喊道，声音在寂静的街道上震响。美绪情不自禁“啊！”地惊呼出声。

“你、你在这里做什么啊？”

亮介灵巧地用双脚将助动车倒回，慢慢地向后靠近过来。美绪一时不知如何回答是好，下意识地向亮介跑过去。她从隔离护栏的空隙间穿过，来到车道上，亮介两眼睁得大大地看着她，头发微微散发出洗发香波的味道。

“你怎么了？”亮介脸上露出难以置信的神情。

“啊、我……其实……对了，你看这个！”

美绪一面支支吾吾地回答，一面从提包里拿出《LUGO》。“……你、你看，这里面写着关于这里的故事呢，所以……”美绪的话语显得有点语无伦次。

“那是什么东西？”亮介歪着脑袋，伸手去接杂志。

“就是正在连载青山萤小说的杂志啊。咦，你还不知道已经登出来了吗？”

“不晓得啊。”亮介手里捧着头盔和杂志，摇了摇头。

“是今天才开始上架销售的。”

“哦。”

“‘哦’什么呀，没兴趣吗？”

“你干吗这么说？”

“你不是还接受过人家的采访吗？”

亮介拿起杂志“哗啦哗啦”地翻看起来，眼看登载着小说的那几页就要被翻过去了，美绪急忙用手指按住，“你看，就是这里！”

亮介瞥了一眼印满铅字的页面，又“哦”了一声，很快将杂志合上，递还给美绪。

美绪愣怔怔地望着亮介。看来他不是装作没兴趣的样子，而是真的了无兴致。

“可是，已经这么晚了你怎么……是一个人来的？”亮介盯着美绪问道。

“哦，是的，我是一个人来的。”

“从车站那里走着来的吗？”

“是啊。”

“走着来的啊，够远的吧？”

“不过……你瞧，我已经差不多快找到了嘛。”

美绪说着，再次将手里的《LUGO》举起来给亮介看。此时的街道上依旧寂静，没有一辆车子驶过。

“打算来的话，给我打个电话不就行了嘛。”

“不、不是，我不是过来找你的啊……”

“嗯？”

“啊、不是……我就是想、在这一带走走而已。”

亮介将头盔挂在车把手上，推着助动车慢慢向前走去。美绪不想一个人待在原地，于是便跟在亮介的身后。由于完全没有料到会碰见亮介，所以美绪不知道该怎样解释这个偶然的邂逅。虽然明知如果现在不好好解释清楚的话，势必招致许多不必要的误会，却不知如何开口才好。

“你去哪里啊？”美绪向推着助动车走在前面的亮介问道。

“我到前面的便利商店。”亮介停下脚步，回头答道。

“嗯，那么，我……我往这边走了。”

“嗯？”

“我要去车站。是这个方向吧？”美绪指了指自己刚才路过的住宅小区方向。

“那……我送你吧，送你到车站。”亮介避开美绪的目光，说道。他似乎想说什么，但话到嘴边又咽了下去。

“……不、不用送啦。”

“我用助动车送送你，不然走的话要走很多路哩。”

亮介取下挂在车头上的头盔，递给美绪，美绪听话地接了过来。

“其实我想叫你去我家坐坐的，不过……今天有点不方便。”亮介跨上助动车时说道。

“没关系啦。反正我真的只是想到这一带来走走而已。”

亮介牵着美绪的手让她跨上车后座。此时，美绪忽然想起了青山萤小说中描写的情景。

“哎，是不是你女朋友现在在屋里啊？”

“啊？”

亮介情急地回过头，额头差一点跟美绪戴在头上的头盔撞上。“你刚才说什么？”亮介歪着头问道。

“啊，没什么。”美绪连忙回答。

亮介转过头，发动车子。“抓好啦！”说着，将美绪的双手绕在自己的腰际。

“喂！”

助动车刚要起步，美绪情不自禁地喊了一声。

“怎么啦？”

亮介回过头，直直地盯着美绪的眼睛。

“喂，台场！”

“啊？”

“我想从这里看一眼台场。”

亮介愣怔了片刻，对美绪的话还没反应过来。美绪双掌合十，说了声：“拜托你啦！”亮介咧开嘴笑了笑：“知道啦，没问题。”然后重新将美绪的双手拢在腰际。

第一次乘坐助动车的美绪，不知道助动车一般能跑出多快的速度，只是感觉此时的助动车正以相当快的速度奔驰着。她将脸紧贴在亮介的后背上，感觉好像轮胎快要离开地面，整辆车子也忽忽悠悠地漂浮起来似的。除了两人所乘的助动车外，宽阔的马路上再也没有其他车辆。

一转眼的工夫，助动车已经从刚才隐约看到的单轨电车的高架轨道桥下穿过。穿过轨道桥，前方便是大桥的引桥路段。助动车依旧速度不减，直直地向桥上冲去。现在，吹拂在脸上的风开始夹带着大海的气息。美绪睁开一直紧闭的双眼，一座灯光皎洁的巨型桥梁立即映入眼帘，近在咫尺，仿佛伸手便可触到——这就是美丽的彩虹大桥。每天乘坐“百合海鸥号”所行经的巨大弧形立交桥，在静静的运河水面落下投影。

助动车行驶到大桥的当中。

“停车！”

美绪大声喊道，可是声音却被风裹挟而去，亮介根本没听见。

车子如同滑行般驶下桥，来到一个大弯道，速度这才稍稍放慢。转过弯道后，来到一条的笔直的大道，成排的绿色信号灯整齐地相连，一路伸到远处。虽说是宽阔的大道，可不要说行人了，就连一辆汽车也看不到，停在路边的大型拖车，在空旷的道路背景之下也显得身影娇小。

道路两旁踞立着成排的巨大仓库，所有仓库都咬紧牙关似的紧闭着卷帘门。穿过成排的信号灯后，助动车猛然向左一拐，身体一下子失去平衡的美绪，急忙抱紧亮介的腰。

眼前有一扇敞着半边的大铁门，助动车径直朝铁门内钻了进去。

“啊！”

美绪不禁失声尖叫。

前方是辽阔的黑黢黢的东京湾，再往前则是一片灯火辉煌的景象，台场仿佛是从漆黑的大海中浮上来的光芒四射的要塞一样。

亮介将助动车停在堤岸边，前轮再往前数十公分就是大海。美绪呆呆地望着对岸的台场，感觉自己此刻就好像乘坐着一艘小船，漂浮于漆黑的大海之上；从台场密集的楼群中照射出来的通明灯火，像无数光柱沐浴了她一身。

车子引擎关闭之后，四周突然变得万籁俱寂，只有脚底下海浪拍打着堤岸的声响。

美绪慢慢从助动车上下来。不知是因为自己站在堤岸边的缘故，还是因为隔着辽阔的东京湾，对岸灯火摇曳的缘故，她只觉得脚下摇摇晃晃，身子站立不稳。

亮介随后下车，望着美绪的脸问道：“怎么样？”

“……太美了！”美绪兴奋地点了点头。

“其实……我就在那里上班。”美绪用手指着对岸说。

“那里？”

“在对面的写字楼里上班啊。”

亮介站在美绪身边，侧脸沐浴在月光中。

“上次跟你讲在‘巧仕客’上班是骗你的，不过这次是真的。”

美绪说着将视线又投向对岸。见亮介沉默不语，美绪接着问：“不相信吗？”

“相信。”亮介望着对岸，小声地回答。“就在正对面嘛。我们彼此隔着这片海湾，就在对方的正对面上班哪。”

“从对面看也是一样喔，我可以清清楚楚地看到这边呢。在堤岸上跑的卡车啦什么的，还有，这里有时会停泊很大的货船对吧？从船上往下卸各种颜色的集装箱的样子都能看到哪。”

“你在对面看着我吊起来的集装箱啊？”

“对呀，从对面看着呢。”

“那从对面看过来，这里是一种什么感觉呢？”

“什么样的感觉？”

“比如从这里往对面看过去的话，可以看到观光摩天轮对吧？因此呢，感觉那边非常热闹，甚至好像还能听到那边的笑声哩。”

亮介在助动车的车座上坐下，不时地朝美绪瞥上一眼，不过，他的视线几乎都被对岸吸引过去了。亮介的侧脸在台场夜景的映衬下，显得优雅高贵。堤岸边一排橙色的路灯，将两人的身影投射在脚下的水泥地上，影子被拉得长长的。

“从对岸望过来……怎么说呢，好像有一种很勤奋的感觉。”美绪说。其实在这之前，她从来没有这样想过，但不知为何，此刻却脱口而出。

“勤奋的感觉？”亮介头也不回继续望着对岸问道。每当漆黑的东京湾里涌起海浪时，倒映在海面上的台场夜景也随之摇曳。不知变幻不定的，究竟是大海呢还是夜景。

“你……我……我可以追你吗？”

“啊？”

美绪的声音仿佛从海底都能够听到。

美绪再度“啊？”地问了一声。亮介依旧望着对岸，答道：“哦不，是我下了决心要追你！”

“……我以前有过一个非常喜欢的人……”

脚底下的海浪“轰——哗——”地作响。

“是我高中时的老师……我对她是很认真的。那时我还是个十八岁的毛头小伙，可是……怎么讲呢，我只要看着她，感觉就好像看到了整个世界，看到了全世界的所有精彩。”

美绪不敢迎着去看亮介的视线，但她能感觉到，亮介的目光正朝自己瞥来。

“……可是，我跟她最终还是没戏。不知道该怎么讲才好，讲出来怪难为情的，其实我真的是很认真地喜欢她。不过，我当时没有追她，因为那时我根本追不到她，我才是一个毛头小伙啊。”

“……所以，你现在要来追我吗？”

“不是。”

“难道不是吗？”

“……和她分手之后我想过：人是没办法随随便便喜欢上另一个人的，一旦喜欢上另一个人，要叫我说，那就像我们想按照自己的意志做梦一样，绝对是件难上加难的事情。虽然喜不喜欢一个人要看自己的心思，但是怎么讲呢，就好像没有人帮我按下开关的话，我是不会变成ON的，反过来讲，要是没有人帮我关掉开关，我也不会变成OFF。就是说，有时候自己想喜欢一个人，但是不一定就喜欢上，想讨厌一个人，也不一定就真的讨厌得了……”

美绪一面听着两眼直直地望着对岸的亮介说话，一面却在心里暗自忖度，他所说的那个按下开关的人究竟是谁。的确，并不是按照自己的意愿喜欢上某个人的，但是有时却会突然发现：自己已经喜欢上了那个人。

亮介说到这里重又沉默下来，耳旁只有海浪的涛声。无数的海浪参差不齐地拍响堤岸，但不知为何，涛声却汇成整齐划一的声响传入耳朵；涛声一阵一阵传入耳朵分明是那么近，但是汇成一道传来，却好像从很远的地方传过来似的。

“……你今天和我说了好多啊，平常总是沉默不语的。”美绪半开玩笑半认真地说。

亮介用脚后跟踢着水泥堤岸，不好意思地说：“……我可是豁出去了，拼了命才讲出这么多来的……”

“为什么只有今天晚上才这样拼命地和我说话呢？”

“嗯……是啊，为什么呢？”

“你好好回答我啦。”

“……大概……是我想得到你的信任吧。”

“得到我的信任？”美绪脱口问道。

亮介笑了：“除了你还有谁啦？”

夜空里没有半点星星，仿佛天上的星星全都坠落在了台场似的。

“差不多该走了吧？”亮介首先打破片时的沉寂。

美绪将视线从对岸移回到亮介身上。

堤岸从脚下笔直地延伸到很远的地方，那里停泊着巨大的货轮。船上的集装箱在夜光的照射下，看上去就像是巨大的积木似的。

亮介跨上助动车，发动了引擎。

“我不走……”

美绪轻声说，但是她的声音被“突突突”的引擎声淹没了。

“嗯？”亮介回过头来问。

“我不走！”这次美绪用了很大的声音喊道。“你说的和你做的根本不一样！既然这样，为什么……为什么你还说得出什么‘我可以追你吗’这样的话呢？！”

“怎、怎么啦？突然间这么讲？”

亮介的表情显得很诧异，这让美绪一时间也感觉不好意思起来。

“对不起。”

“到、到底是怎么啦？”亮介盯着美绪的脸问道。

“假如……假如我说，今天晚上我想和你整夜在一起，你会陪我吗？”

“今天晚上？”

“对，今天晚上。”

“我不是说了吗？今天晚上有点不方便呢。”

“不去你家也没关系，就在这里好了。你可以在这里一直陪我到天亮吗？”

“在这里？”

“你刚才不是说想得到我的信任吗？其实我也……可是，我很害怕，因为相信一个人，需要很大的勇气啊。”

美绪也明白自己说的话语无伦次，可是却控制不住地脱口而出。

“……好啊，我陪你。一直到天亮，我都会在这里陪你的。”

亮介关闭掉助动车的引擎。脚底下的海浪声又响起来了。

即使在品川码头成排的仓库里面，海浪的声音依然清晰可闻，“轰——哗——”，澎湃激昂的涛声就好像是在拍打仓库的铁门一样。

美绪被亮介牵着手，战战兢兢地进入仓库。仓库内漆黑一片，唯一能够感觉到的，只有紧握着的亮介的手的触觉。

“啪、啪”几声，仓库里的照明灯被打开了。宽敞的仓库内，只有散乱堆放的摞在一起的货物，别无他物，看着不由得令人毛骨悚然。

“真的不会有事吗？”

美绪紧握着亮介的手问道。亮介没有答话，只是“嗯、嗯”地应着，重重地点了点头。

“一个人也没有吗？”

“一个人也不会有的。”

“开着灯不要紧吗？”

“睡觉的时候再关掉好了。”

“在这里睡吗？”

“比在堤岸上睡要好多了吧？”

美绪感觉亮介好像要抽开手，于是慌忙握得更紧了。

“我到楼上去拿毛毯来，平时休息时都用它的。”

“我、我也一块儿去。”

“哎，用不着那样害怕的啦。”

“可是……”

“没事的。”

亮介松开美绪的手，转眼间便爬上了铁梯。“嗵嗵嗵”的脚步声在空荡荡的仓库内回响着。

看着亮介进入一个像是办公室的房间，美绪又重新环视了一下空旷的仓库，这个像要将自己包围起来吞噬掉一般的地方。所有的货物后面看上去似乎都藏着人，又仿佛是整个东京的人全都不见了，只剩自己被孤零零地丢在这里似的。

美绪提心吊胆地站在空荡荡的仓库中央，浑身哆哆嗦嗦动弹不得。突然，“啪、啪、啪”几声，照明灯从远端起一盏盏被熄灭了。

“啊！”

美绪情不自禁地发出一声尖叫，声音在漆黑的仓库内嗡嗡作响。

“亮介！”

美绪用惊恐的声音喊道。声音在黑暗中回荡着发出回音，美绪被自己的回音吓得惊惧不已。明明睁大了眼睛，可是浓密的黑暗却像是紧贴在瞳孔上似的；明明用力地站稳在地面上的，可人却失去平衡感，好像掉进晦暗的水中上下沉浮似的。

这时，好像有什么东西触到了后背。那道触感顺着背脊往下滑去，然后消失了。

“亮介！你在哪里？是在那里吗？”

美绪觉得有人在那里，可是伸手摸去，却什么也碰不到，那里只有无边无际的黑暗。

突然间，一只温暖的手掌贴到美绪的脖子上，长长的手指抚摸着下巴内侧，然后慢慢移至半张半闭的嘴唇上。

“亮介，是你吗？”

美绪感觉自己的腿在剧烈地打颤。此时，只要她伸出手去就能触摸到亮介的身体，可是手却怎么也不听使唤，连自己的眼睛是张开着还是闭着的，她也不得而知了。

接下来的一瞬间，忽然一股淡淡的海水的气息飘过鼻尖，随即嘴唇被另一片嘴唇重重地压住了。

“吓了你一跳吧？”

亮介的声音淌进了嘴里。美绪慢慢张开嘴，亮介温热的舌头溜了进来。整个空旷的仓库内，现在好像只有亮介温热的舌头存在着。美绪闭上了眼睛。终于，她意识到原来自己正闭着双眼。

第四章

天王洲 1605

拉上的窗帘被强烈的夕阳染上一片金黄。阳光从窗帘的缝隙钻进来，呈一道直线，一直晒到赤身露体躺在凌乱的被窝里的亮介的肚子上。假设从这个角度将身体切成两截的话，正好将身体切成上半身和下半身，要是非得选择其中一截，还真不知道选择哪一截好呢。

亮介翻了个身。抱在怀里的枕头上，还散发着凉子头发的气味。

这时，响起一阵粗暴的敲门声。“亮介！”裕子在门外大声喊着。亮介慌忙用毛巾被往身上一裹，应了一声：“什么事啊？”

“我开门了喔！”

“等、等一下！”

裕子根本没理会亮介的答话，已经自说自话打开了门。

“哇！房间里一股什么味道！简直就是不打自招嘛：‘我们刚才一直在做爱’……”

裕子不客气地进了房间，跨过半裸的亮介，走到窗前掀开窗帘。刚好窗外一辆单轨电车沿着高架轨道桥驶来，将照射在榻榻米上的太阳光碾成一块块的碎片，一闪一闪的。

“凉子来过了，才走的。”亮介扭扭身体，将裹在腰间的毛巾被拉到胸口上来。

“我知道。我就是等她走了以后才来接你的。”

“接我？”

“果然忘得一干二净了吧？我们不是约好了，今天一块儿到青山老师家去的吗？”

“哦，是吗……是今天哪？”

“对呀，就是今天啦。”

亮介已经从凉子那里听说，青山萤的连载小说第二回刊登在了上星期出版的《LUGO》上。虽然亮介也知道了小说中的男主人公“永井英二”似乎就是以自己为原型的，但依然兴致阑珊，再加上觉得阅读铅字太麻烦，所以他只是让凉子把故事的大致内容跟自己讲述了一下。在第一回中，男主人公“永井英二”尽管已有女朋友“仓田爱”，却仍然前往羽田机场，与通过手机交友网络认识的女子“理子”约会。虽然小说中不乏像这种与现实情节非常相似的插曲，但到了第二回中，故事情节似乎就跟现实大大脱钩了，譬如，那个“仓田爱”竟然像个侦探似的，开始暗中调查起“理子”来。

“喂，你快点换衣服啦。我已经跟青山老师说好了，六点钟去她那里。”

裕子说着，将散落在房间角落里的衬衣和牛仔裤扔了过来。亮介身上裹着毛巾被站起身，背对着裕子穿上内裤。

“……可是，她叫我去到底有什么事呢？”

亮介只穿着一条内裤走向卫生间，边走边问道，随后对着便器小起便来，连卫生间的门也没带上。“我不是跟你说过了吗，青山老师现在正处在低潮期！”紧跟在身后的裕子一面回答，一面重重地将卫生间的门关上。

一瞬间，亮介心想回裕子一句：“她低潮期关我什么事啊？”可转念又一想，看来今天被拉着去是板上钉钉的事了，就算说了也白搭，于是便将这句话咽了回去。

“大杉呢？”亮介隔着门问。

“去弹子房了。”裕子也隔着门回答。

“大杉也会一起去吧？”

“要他去干吗？就你和我两个人去。”

亮介搔着肚皮走出卫生间。

裕子熟门熟路地打开电冰箱，取出一盒橙汁，问亮介：“这个还能喝吗？”

“能喝啊。是凉子昨天才买来的。”

听到凉子的名字，裕子似乎犹豫了一下要不要喝，最后还是从柜子里拿出一只玻璃杯，将百分之百的纯果汁倒了满满一杯。

“那个叫凉子的人……”

裕子喝下一口橙汁，然后端着杯子看着亮介。亮介心想一定是又要说凉子的坏话了，于是装作没听见，走出厨房，从凌乱的被窝上将扔在那儿的牛仔裤捡起来。

“喂，那个叫凉子的人……”裕子继续说道。

“她怎么了？”亮介头也不回，颇为不快地问。

“那个人，我实在对她没什么好感呢。”

亮介没有作答。本来他就没希望裕子对凉子产生什么好感。

“……你一定在想吧？反正我喜欢她也好讨厌她也好，对你都无所谓，是不是？”

“没有啦。”

亮介套上衬衣。他回想起昨天晚上温柔地帮他将衣扣一个一个解开来的凉子的那双手。最近这一个月来，每个星期凉子都会到这里过夜，星期六的傍晚来，呆到星期天晚上走，两个人几乎一直就赤身露体地生活在这间屋子里。

有时亮介会叫她一起出门：“偶尔也出去走走吧！”凉子却总是回答：“我就想呆在这里。”连附近的便利商店都不愿去。自然的，吃饭就只有靠叫外卖了，有时是匹萨饼，有时则是拉面。吃饭时凉子会披件衣服，而亮介则索性光着身子啃匹萨。

“其实，她跟我一个高中同学很像呢。”

亮介一面扣着衬衣扣子，一面转过身来。此时，裕子已经将杯子里的橙汁喝光了。

“青山萤的家好像是在浅草对吧？”

“……那个同学叫阿渚。不是说她们两个脸孔长得像，而是……怎么说呢，凉子身上的气质，她给人的感觉，真的跟阿渚一模一样哦。”

亮介不理会裕子，默默地将钱包塞进牛仔裤的口袋里，然后抓起桌上的钥匙串。

“男生们都很喜欢阿渚，而女生们对她也不讨厌。不过，每次见到她的时候，虽然并不是不高兴，可总是一副很无聊的样子。”

看起来裕子又要滔滔不绝说个没完了，于是亮介干脆一屁股坐在榻榻米上，点燃了一支烟。

“……有一次，我恰好跟她一路回家，我就试着问她了：‘阿渚，你为什么老是一脸很无聊的样子啊？’……虽然我跟她不算特别要好，不过在课堂或在别处碰到的话，也会聚在一块儿说说笑笑的，所以我想，这么问也不算失礼吧……结果你猜她怎么回答？她说：‘因为我想死嘛。’而且还是笑嘻嘻地说的。我当时吓了一大跳，不过看到她笑嘻嘻的样子，心想一定是在开玩笑。所以我也跟着开玩笑说：‘你要死的时候跟我说一声喔，我还想把你的衣服拿来当纪念品呢。’因为到车站还有一段距离，所以我继续跟她聊着。我问她：‘可是，你为什么想死呢？’当然，也是带着开玩笑的口气说的。她反问我：‘裕子，你从来没想过死吗？’我连忙回答：‘才没有啦！’她接着说：‘可是我不管做什么事情都觉得好没劲，一点也不快乐……我这么说，一定会让人觉得是在无病呻吟吧？……可是真的，我做什么事情都得不到快乐，实在是件很痛苦的事啊！’我记得她当时就是这么说的。我接着问她：‘可你不是有男朋友吗？’她回答：‘是呀。’‘你们交往得不顺利吗？’她说：‘很顺利呀。’于是我对她说：‘那不就没什么问题了吗？’大概因为我当时还没有男朋友，所以才会这么想吧。她沉思了一会儿说：‘说得也是，要是这样还觉得不快乐的话，那好像是在骗人了……’于是我笑着对她说：‘是呀。你人又长得可爱，身材又这么漂亮，再说我们都还是十几岁的花样年华呀。如果说这样还不快乐的话，那将来还有那么长的路该怎么走下去啊？她也笑了，说：‘是啊，恐怕再没有比现在更加快乐的了……’”

裕子刚才还说，再不赶快出门就来不及了，可这会儿她倒也坐到了榻榻米上，从提包里抽出一支香烟。

“……后来，她真的死了。”

“啊？！”

亮介不由得倒吸一口冷气，烟呛进了气管里，他剧烈咳嗽起来，胸口感觉好像被人殴打般地一阵痛楚。

“我说那个阿渚后来真的死啦！……你听了也会吓一跳吧？那是我大专毕业的那一年，我们毕业后就没什么联络了。我也是从别人那里听说的，说她是自杀而死。我听到这个消息的时候，脑子里立刻就浮现出她笑着说‘我做什么事情都得不到快乐，实在是件很痛苦的事’时的神情。”

原本以为最后会有什么好笑的事情，没想到却是这样的结局。亮介目不转睛地盯着裕子的脸，听她满不在乎地讲述朋友自杀的事。

“啊！已经这么晚了，快走快走！”

裕子急急忙忙地将吸到一半的香烟掐灭在烟灰缸里，然后若无其事地站起身来。

“喂，喂！”亮介情不自禁地叫住她。

“怎么了？”

“什么怎么了？问你呢……”

“快走吧。从这里到浅草，至少得花一个钟头哪！”

裕子说着，就准备朝玄关走去。亮介连忙伸出手，一把拽住裕子的手腕。

“干什么啦？！”

“……你是说，那个女孩很像凉子吗？”

“嗯？”

“你刚才不是这么说的吗？”

“我是说两人的气质像。”

“你的意思是凉子也会想到死吗？”

“啊？！”

“因为，照你这么说的话……”

“你胡说什么啦！想要自杀的女人会每个礼拜都来这里，关在房间里做爱吗？”裕子用力将亮介的手甩开。

“……还有，想要死的人不是她，是真理！”裕子轻声补充道。

亮介抬头望着裕子。裕子转过脸去，说了声：“好啦，快走吧！”随即走向玄关。亮介无声地起身跟在后面。脚底下凌乱的被子一角上，留下了昨晚香烟落下来烧焦的痕迹。

被凉子突然要求在码头的仓库过了一夜后的第二天，亮介将他和凉子的关系一五一十毫无隐瞒地告诉了真理。

那天晚上，亮介一刻也没有入睡，就在铺着毛毯的仓库角落里，紧紧抱拥着凉子的身体，直到天亮。

原本只是打算到便利商店买点东西，想必真理还在房间一直等着他回去呢。于是，亮介问凉子借了手机，给大杉的房间打了个电话，请他转告：“我今晚不回去了，你帮我找个理由和真理说一下吧。”大杉一个劲地追问亮介人在哪里，在做什么，亮介没有向他解释任何缘由，只是反复说了好几遍：“拜托你啦！拜托拜托。”随即挂断电话。

凌晨四点，仓库的天窗开始透出微弱的光亮。两人拾起散乱一地的衣服，互相替对方穿上。由于彻夜未眠地相拥做爱，两人都眼皮浮肿，加上躺在硬冷的地面，都感觉到腰背酸痛。

走出仓库，骑上停放在堤岸边的助动车离开，天色还灰蒙蒙的，等到缓缓驶过港南大桥时，便看见朝阳从东方的天空慢慢升起来了。

和凉子在品川车站的检票口告别后，亮介返回宿舍。真理已经起来了，她像往常一样向亮介说道："你回来啦？"

"对不起。"亮介赶忙道歉。

"没办法嘛，半路上刚好被上司逮到，所以回不来了，是吧？"真理笑着说。

看样子大杉是这么跟真理编造借口的。

"好像没怎么醉嘛。一直喝到现在吗？"

"……嗯。"

脱掉鞋子，走进房间，看见被子叠得整整齐齐的，亮介知道真理也是一夜没睡。

"睡一会儿吧？"

亮介从电冰箱里拿水喝的时候，真理问道。她正准备铺被子。

"不用了。"亮介制止了她。

"不睡一会儿吗？还可以睡两个小时呢。"

"……哦，不用不用。"亮介又重复了一遍。

亮介将瓶装水放进电冰箱，在摊开的被子上坐下。真理好像刻意不跟亮介目光相对。

"你不相信是吗？"亮介拉着真理的手，硬是要她看着自己。

"……嗯。"真理轻轻点了点头。

或许对真理什么都不要说，在她还蒙在鼓里的时候向她提出分手，即使这样也总比对她隐瞒真相会对她更少伤害。然而，亮介却实在想不出任何其他的什么理由可以作为分手的借口。

和凉子是通过手机交友网络认识的；和真理相识后，仍然无时无刻在心里暗念着她；跟真理在一起时，总感觉到愧疚自责……，尽管讲得断断续续的，但亮介还是尽可能地试图将事情的来龙去脉向真理解释清楚。真理默默地听着，不时发出轻声叹息，或者轻轻敲打端坐在身旁的亮介的膝盖。

亮介讲完之后，有好一会儿真理闭目不语。终于，她开口说道："我知道了……我懂了。最近我一直觉得你样子有点怪。"她点着头，继续说："你很喜欢她吗？"

亮介不置可否地看着真理。真理避开了亮介的目光，喃喃地说道："我也很喜欢你呀，可是……"

这次是亮介将视线闪开了。窗外，天已经大亮了，停在附近电线上的麻雀在啾啾鸣叫着，声音在屋子里回响。

"我必须退出吗？"真理自言自语道。

亮介低下头，小声地道歉："真的对不起。"

"你……你可以脚踏两只船呀！"真理突然声嘶力竭地怒吼起来。

亮介从来没见过她发这么大的火，他急忙辩解道："那、那种事情我可做不来啊。"

"为什么做不来？你既然可以若无其事地突然间说要分手，这种残酷的事情都做得出来，为什么脚踏两只船倒不会做？！"

真理说着快速站起身，亮介还以为她要扑过来抓自己，但真理只是说道："……不管我说什么，再继续说下去的话，只会让你更加讨厌我对吧？……到底是为什么呢？平时我心里想的，用语言连一半都没法表达出来，为什么只有被男人甩了的时候，才能把所有想法坦率地说出来呢？"说着，她自顾自笑了，笑得很凄楚。

亮介想说些什么抚慰她，但是却一句话也说不出口。

真理抓起自己的提包。"我送你到车站吧。"亮介终于勉强挤出这么一句。

亮介和裕子乘地铁，在浅草站下了车。在前往青山萤住的公寓途中，亮介向裕子问起最近有没有跟真理见面。

“你要是在乎她的话，自己打电话给她不就行了？”

“唉，我没法打给她嘛。”

想要死的人不是她，是真理！刚才裕子的话让亮介心里忐忑不安。

“……你们见过面吧？”亮介跟在快步走在前头的裕子后面问道。

“没有啦。”

“为什么？”

“就算约她出来见面，她也不会想见面的。”

“那你们电话通过吧？”

“电话倒是通过。不过，她的声音总是无精打采的……”

正如青山萤所说，她的住所就在浅草寺的正后方。那是一幢比想像中还要老旧得多的公寓，大门没有自动上锁功能，连门厅里那一排信箱也没有上锁。

“原来她住在这种地方。”

“她说这里只是她的工作室，她住是住在青山那一带的。”

“青山，那里倒是蛮像恋爱小说家住的地方哩。”

“这里是青山老师父母留下来的房子，现在她的父母都过世了，所以用来做工作室，其实她一直到大学毕业都是住在这里的。”裕子就像进自己家一样，熟门熟路地穿过门厅，朝电梯间走去。

“听大杉说，你常来这里啊。”

走进电梯，裕子动作敏捷地按了十二楼的按键，然后瞥一眼亮介，回答道：“嗯，差不多每个周末都过来。”隔了片刻，她问亮介：“你是想问我来这里都做些什么是吧？”

“……没有啊。”

“我是来帮忙的。”

“帮什么忙？”

“就是为这篇连载小说提供一些写作素材呀。”

亮介刚想顶她一句：“什么提供素材呀！还不是尽说些我和凉子的八卦事嘛。”但电梯速度极快，已经到达十二楼了。

“和田君，听说你和真理分手了？”

青山萤双手捧着红茶罐从厨房走出来问道。亮介不知该怎么回答，于是默不作声地接过红茶罐。

青山萤用作工作室的这套公寓，看起来很有些年头了，房间里到处残留着几年前青山年迈父母生活过的气味。

直到亮介他们进来，青山似乎一直都窝在走廊尽头的房间里，面对电脑工作着。桌上的烟灰缸上搁着两个吸了半截的烟头，令人疑心是否还有其他人待在屋子里。不过，这个用纸糊门隔间的狭小的居室里，似乎看不到有其他人在的迹象。

“你们来得这么晚啊，我还以为你们不会来了呢。”青山一面走向厨房一面说。

“老师，让我来吧。”裕子跟在青山后面走进厨房。

“对了，咖啡豆已经用完了，我应该打个电话让你帮我买上来的……”

“我这就去买。就到‘罗多伦’①去买平常喝的那种就行了吧？”

亮介呆立在客厅，一面听着两人在厨房里的对话，一面不经意地环视四周。

注① “罗多伦”—Doutor Coffee Shop：日本市场占有率第一的自助式咖啡连锁店，由鸟羽博道于1962年创立，现有店铺超过1000间。Doutor在葡萄牙语中意为“博士”。——译者注

餐柜旁悬挂着一只鼓鼓囊囊的纸袋，里面塞满了折叠好的纸袋；餐桌上放着酱油和调味料的瓶子，还有胡乱放置的面包和水果。

“和田君，不要客气，请坐啊。”

从厨房传来青山的声音。亮介小声地答道：“哦，好的……”

裕子出门去买咖啡豆之后，亮介突然觉得浑身不自在起来。青山萤走出厨房，在亮介对面的椅子上坐了下来，不过并没有特别主动地跟亮介搭话，只是一面用手指掐着面包，一面不时朝亮介瞟上几眼。

“有罐装的红茶，要吗？”

“那么，请给我来一杯吧。”

青山到厨房拿了红茶罐，回到客厅时便有了刚才的那一幕：她劈头便问道：“和田君，听说你和真理分手了？”

亮介一面开启罐子，一面试探着问：“真理也……”

没等他问完，青山便回答道：“来过啊。和裕子一起来的，就一次。”

“是这样啊……”亮介点点头。

“嗯，她也来过。”青山也跟着点点头。

没有化妆的青山，看上去脸色十分疲惫，似乎一整晚都没合眼，一直工作到天亮的样子，又像是睡眠过多而显得昏昏沉沉的。

青山点燃了一支烟，于是亮介情不自禁地转身看向身后电脑桌上的烟灰缸。刚才还冒着烟的两个烟头，不知什么时候已经烧成灰烬，掉进了烟灰缸里。

“……我拜托你一件事，真的拜托你，请你帮帮我！”青山突然紧紧握住了亮介拿着红茶罐的手。

“啊？！”

亮介不由得将身体向后一仰，但他搁在桌上的手，仍然被青山紧紧握着。

“什、什么事啊？”

“我现在脑子里真的是一片空白，自己小说里的人物到底在想些什么……我一点儿都不知道啦。”

“啊？”

“你也听裕子讲过了吧？后天就是小说第三回的截稿日，可我连一行字还没写出来呢！你看看这个屋子，这像是写恋爱小说的女作家的房间吗？”

亮介看了看放在桌子上的面包，尽管一片都没动过，但是一望便知那面包早已变硬了。面包旁边则放着一瓶拌饭酱，瓶子里还剩下一半左右。

“……你看我过着这样的日子，怎么能写出恋爱小说呢？”

“可是……你跟我讲这些……”亮介伸长脖子往玄关方向瞧，焦急地盼着裕子快点回来。

“裕子啊，她一时半会儿回不来哟。我关照过她了，让她在附近转悠一个小时左右再回来。”

“啊？”

“在她回来之前，我有许多事情想请教和田君呢。”

“向我请教？什么事情？”

“各种各样的事情啦。譬如说你经历过什么样的恋爱啦，怎样的情景会让你觉得比较容易激发起做爱的兴致啦等等……”

“可是，你问我这些做什么啊？”

“用来作参考写小说呀。”

“可我不想说这些。”

“为什么？”

“你还问我为什么……”

“你就当作帮我一个忙嘛……好不好？求求你啦！”青山说着，双掌合十，做了一个拜托的姿势。

“可是、像这些东西要靠自己去想像，然后写出来，这样才能显示出小说家的才华，不是吗？”

“才华？我在写我的处女作时就已经用完啦。后来写的东西都是差不多同样的故事，只不过换个人物，换个场景而已，换汤不换药的啦。譬如说，女主人公A小姐是个出类拔萃的白领丽人，有一个交往了五年、能干而富有的男朋友，但她心里依然感觉寂寞和失落。这时，往往会有一个带着野性魅力的男青年出现在她身边，于是A小姐自然要在这两个人当中摇摆不定啦，最后的结局是A小姐舍弃掉两个男人，去寻找新的幸福，也就是寻找自立的人生。老实说，我的小说翻来覆去的基本上都是这个套路。”

“那就改一改套路好啦。”

“改套路？怎么改法？”

“……嗯，我也说大不清楚啦……比方讲，不要让她同时离开两个人，而是选择跟其中一个幸福地生活在一起怎么样？”

“选择跟其中一个幸福地生活在一起？……那种故事会有谁要看啊？”

“我、我也不知道。”

亮介垂头丧气地从椅子上站起来。青山急忙拉住他的手，问：“喂，你要去哪里啊？”

亮介甩开青山的手，回答道：“我借用一下你的厕所啦。”

“吉原那边有一家餐厅的樱肉很好吃喔，既然难得来一趟，不如去那里吃了饭再回去吧？”走出青山萤的公寓之后，裕子迫不及待地提议道。

正打算往车站方向走去的亮介停下脚步，回头不解地问：“樱肉？那是什么东西啊？”

“樱肉都不知道啊？就是马肉啦。吉原那家餐厅的涮马肉很好吃的喔。”裕子无可救药似的摇着头，拽住亮介的手，把准备往车站方向去的亮介拉了回来。

离开青山萤的公寓时，青山将钞票塞在裕子手里，嘱咐道："你们两个好好吃一顿再回去吧。""不用啦。"亮介推辞着，而裕子却毫不客气地接受下来："哦？那我们就谢谢你啦！"

裕子出门转悠半天，买了东西回到公寓，是整整一个多小时以后了。那时，青山向亮介提问的问题已经告一段落，两人正吸着烟，等裕子回来。

"哎，青山老师都问了你些什么啊？"拐入公寓后面的小路时，裕子问身旁的亮介。

"……没什么。"亮介别过脸回答。他的视线追逐着一辆从前面驶来的助动车，目光不经意地转向背后，正好看见浅草寺那宏伟的檐顶，在它的后面则耸立着金色玲珑的五重塔。

"怎么会没什么啦，你们不是聊了一个小时吗？"

"……对了，你刚才跟她说：'我会再带他过来的。'不过我可不想再去她家了。"

"为什么？她真的骚扰你了吗？"

"骚扰我？为什么这样说？"

"哎呀，其实是青山老师最近老跟我讲：'裕子啊，要当一个恋爱小说家，不谈恋爱是不行的呀。'对了，你可不要讲出去喔，老师说她已经有两年没跟男人做爱了。"

"是吗？怪不得她一副走投无路的样子呢。看来她不是写不出小说，只不过是需求得不到满足吧……她跟我讲话时，就好像恨不得马上扑过来咬我一口的感觉。"

"老师曾笑着跟我讲：'色情小说家没有性欲积蓄的话，就写不出作品，可是，恋爱小说家积蓄这么多的性欲，又该如何是好呢？'……总之，她要是再拜托我带你去的话，你还是去吧。”

“我说过了不去。”

“可是，她给了我们三万块钱哪！”

“啊？你竟然拿了她三万块？你不会谢绝的嘛。”

“为什么要谢绝？”

“什么为什么……”

亮介一面回答着青山萤的问题，一面意识到自己正变得越来越烦躁不安。因为那些个曾经不知道该怎么形容的东西，那些用语言无法表达出来的内心情感和思绪，随着青山的点拨和启发，被用她的词汇重新诠释一番之后，亮介才发现自己原来竟是那样的粗鄙和本能……因而不由得感觉浑身不自在。

起初，当被问到“第一次性体验是在什么时候？”这样直截了当的问题时，亮介非常抵触：“……为、为什么、我非要回答这种问题？”可是禁不住青山眼眶红红的、噙着泪花一再恳求：“拜托了。真的，你就当是帮我一个忙好了。”亮介于是动摇了，心想要是回答这些问题就能帮上忙的话，倒也未尝不可。

“十八岁的时候。”亮介生硬地答道。

“对方呢？”青山向前探出身子。

亮介又抵触起来：“对方？讲不讲的都不重要吧？”

“你想替她保密吗？”

“倒不是啦。”

“那就告诉我嘛。”

“是老师，我高中时的英语老师。”亮介硬邦邦地甩出一句。

“她是个什么样的人呢？”

“什么样的人？……没什么特别的啦。”

“没什么？”

“我也不知道该怎么讲。”

“她漂亮吗？”

“嗯，很漂亮啊。”

“你喜欢她什么地方呢？”

“喜欢什么？也讲不出特别喜欢什么地方……”

“是和田君首先表白的吧？因为，要老师向学生表白可不是件容易的事情哦……对吧？”

“嗯，是啊。”

“那你是怎么表白的？”

“……我早忘记了。”

“是你不愿意想起来吧？”

“不是啦。”

“那你告诉我嘛。”

“就是很普通地跟她说喜欢啦，还说上课时看着她就觉得难以克制……”

“那老师呢？她是怎么回答的？”

“她好像是说让她很为难吧。”

“那你和她有继续交往下去吗？”

“有啊，交往了一年多点吧。等我毕了业，我们就住到一起了。”

“……是这样啊。那么，你们是因为什么而分手的呢？”

“我也不知道。她突然间就离家出走了。”

“你想不出是什么原因吗？”

“鬼才知道是什么原因哩。”

“真的吗？照这样说来，她是个任性的女人啰？”

“……两人在一起的时候，常常会觉得心里烦躁。”亮介几乎下意识地脱口而出。

“谁？”

“我啊。我倒不是讨厌她，可是和她在一起，就会觉得憋屈得透不过气来，等到回过神来，已经发了一大通牢骚了。”

“为什么？”

“……因为她成天老是跟我讲：‘为什么？’‘怎么了？’‘和我说嘛！’就只会讲这些！”

亮介说着说着，语气突然气急败坏起来，他自己也吓了一跳，于是忙低声致歉：“啊，对不起。”

“和田君喜欢做爱吗？”青山突然换了一个话题。

“应该不讨厌吧。”亮介撅着嘴回答。

“可是，一直跟同一个人做爱不觉得腻吗？”青山歪着头问。

“我不是因为觉得腻了才狠心跟她分手的……”

“我并没有那么说啊。”

“……那倒是。”

“一直跟同一个人做爱的话一定会觉得腻味的，我想这也是很正常的事情嘛。男人是这样，女人也是这样。”

青山说着，眼睛直直地盯着亮介，亮介赶紧低下头。

“男人什么时候感觉最幸福？我想，应该不是实现人生理想之类那种冠冕堂皇的事情，而是，怎么说呢？应该就是恋爱中的那种最癫狂的感受吧。”

“恋爱的癫狂感受？那是什么呀？”

“是啊……要是我使用‘恋爱’这种陈词滥调的话，那我的小说就彻底失败了……是啊，该怎么来表达呢？对了，姑且称为‘情’吧。什么时候会让你有男女之间的‘情’升华到巅峰时的那种感觉呢？”

“巅峰时的感觉？”

“是啊……譬如说，难以抑制啦，缠绵凄苦啦，或者是几近疯狂啦等等，类似这样的感觉是在什么时候才有？”

在青山的引导下，亮介努力思考着：爱对方爱得快要疯狂的时候……

“怎么样？有过这种感觉吗？”

“当然有啦，就是跟自己喜欢的人做爱的时候嘛。”

亮介脑子里首先浮现出的就是这一场景，再试图努力想些其他的答案，但依旧是这一场景鲜明而强烈地浮现出来。

“和田君，想不到你这么单纯啊。”

“没办法啊，事实上就是这样的嘛。”

“或许真的是这样吧。不过换句话说，对你来讲，巅峰就等于射精，对吧？这与其说是情感，还不如说是一种生理上的本能呢。”

“不是的。”

“怎么不是呢？”

“因为青山女士没有见过，所以你才会那样说。”

“你说我没见过什么？”

“……你没见过……女人做爱时的表情，是不是？”

窗外传来一阵噪响的汽车喇叭声，大概是谁在通知在狭窄的小巷里违规停车的车主吧，因此喇叭声虽然很响却很徐缓，听的时间稍长，竟会慢慢地不在意了。

裕子买完东西回来，喝了一杯咖啡之后，两人便向青山萤告别。亮介在玄关穿鞋的时候，青山颇有感触地说道：“跟和田君交谈之后，我发觉一个人要喜欢上另一个人，似乎也不是一件特别困难的事呢。”“你一直认为是件很困难的事情吗？”亮介问道。“我原本以为，那一定会带给人各式各样的烦恼。现在看来，不是因为那太困难，而是因为那本来就是一件再单纯不过的事情，所以才困难哪……”青山仿佛有些疲倦似的笑着。

在位于天王屿车站大楼的卡拉OK歌房里，亮介痴痴地凝视着凉子的侧脸，凉子正用带着鼻音的嗓子投入地演唱着。唱到高音的地方，那白皙的脖颈上会出现一个很小的肉坑，令人忍不住想上去触摸一下。

丝丝，串串，悄悄地飘逝而去

每在细雨中见到你，我悲上心头

不再需要雨伞，你我两人无语相向

啊，再见了，我的恋我的哀愁

随性地哭吧，尽情地拥抱吧

今日的我已不像昨天般靠近你的肩头

冰凉的细雨啊，任你把我冲刷

啊，随雨而去吧，我的泪我的回首

……

等到间奏停顿的时候，凉子朝亮介瞥了一眼，不好意思地说道：“怎么样？唱得很差劲吧？”

“没有啊，唱得蛮好嘛，比我强多了。”亮介微笑着回答。

“这是谁的歌？”眼看间奏快要结束了，亮介赶忙问了一句。

“是森高千里的《雨》呀。你不知道吗？”凉子歪着头答道。

“哦，好像听过……”

此时间奏结束，凉子急忙回头看着画面，情绪饱满地接着唱起来，她的嘴唇轻轻碰到了麦克风上。黑色的麦克风同凉子的红色嘴唇，在昏暗的卡拉OK

歌房里显得特别醒目。

在青山萤的工作室回答了一些奇怪的问题后的第二个周末，凉子像往常一样来亮介的宿舍过夜。“哎，下个礼拜我们要不要来个像模像样的约会啊？”亮介问道。

一瞬间，凉子没有明白亮介的意思。亮介补充道：“要是天气好的话，我们开车去什么地方兜兜风吧？”凉子这才弄明白，她笑着回答：“好是好呀，可是，你没有汽车呀。”

“可以去租一辆嘛。”

“准备去很远的地方？”

“不一定啦，当天来回的就可以啊。”

“那样的话就别租汽车了，就坐你的助动车去好啦。”

“坐助动车？那玩意儿坐上半个小时，屁股就会痛得受不了的。”

“那就去半小时就能到的地方好了。”

趁着凉子冲澡的时候，亮介摊开东京地图查找起来，想看看从这里骑车三十分钟究竟能到达什么地方：车子载上两个人的话，大概平均时速只能跑四十公里，照此计算，往西可以达到横滨，往东差不多可以到达幕张。不过，东京都内的道路非常拥堵，走起来怕不那么顺当，因此，按照计算可以到达横滨，但实际上至多只能到达蒲田一带。

凉子冲完澡走出浴室，亮介将摊开的地图拿到她面前，以品川为圆心，用手指在地图上划了一个半径约五公里的圆，问凉子：“在这个圆圈里面，你想去哪里？”

凉子身上裹着浴巾，在被子上坐下来。她瞄了一眼地图，煞有介事地思考了一番，然后将手指在地图上，说：“这里！”她手指所指的位置上，印着“品川水族馆”几个字。

两人之间第一次真正的约会，从相约在品川车站碰头开始。凉子按照约定的时间，准时出现在港南口前的广场。她一眼看见亮介跨在助动车上等在广场，在自动扶梯上便开始朝亮介招手，亮介也朝她挥了挥手。凉子从大包包里拿出一顶崭新的头盔，向亮介示意。

“你特意去买了一顶啊？”等凉子走近之后，亮介问她。

“哎哟！你还说呢，我每次问你借的那顶头盔啊，一股汗臭味，难闻死了。”凉子故意捏着鼻子说道。

亮介把自己的头盔拿起来闻了闻，虽然闻不到令人心旷神怡的味道，但也不至于臭得令人皱眉头。

“那么，今天就让我们来一次真正的约会吧！”凉子兴致勃勃地说道。“总之，今天就全部由你安排了，请多多关照哟。”说完还郑重其事地朝亮介鞠了一躬。凉子的话虽然听上去像是有点不担责任，无事一身轻的味道，不过她那副一本正经的模样完全不同于往常，显得很天真，倒是别有一种可爱。

“啊，说起约会，真让人感慨万千哪。”

凉子说着，拿起崭新的头盔戴在头上。

“现在，我们先来决定走A行程还是走B行程。”

听到亮介这么说，凉子的脸上露出十分惊讶的表情：“啊？可以选择啊？”

“当然啦，我昨天拼命想了老半天哩。”

“真的假的啊？可以选择倒是不错。”

“首先A行程，是先去水族馆，然后找个好点的餐厅吃饭，接着去卡拉OK，最后去旅馆。”

“去旅馆？”

“对呀，因为是一次真正的约会嘛。”

“那B行程呢？”

“B行程就是先去旅馆，然后去水族馆，接下来找个地方吃饭，最后再到卡拉OK唱歌。”

“什么嘛！只不过去旅馆的顺序不同而已嘛。”

凉子轻轻顶了一下亮介的肩膀，随即系好头盔的带子，跨上助动车的后座。

亮介之所以会心血来潮想起跟凉子来一次真正的约会，是因为在青山萤的工作室就各式各样的问题进行答问时，受到了她的嘲讽的缘故。青山对亮介说：“和田君，你大概从没想到女人也会自慰吧？”也许世界上的女人都会有自慰行为，但为什么亮介因此就会郑重其事地与凉子约会呢？亮介自己也不知道。每每两人激情万丈地相拥、做爱直到黎明之后，望着双手抱枕，沉沉进入黑甜乡的凉子的脸庞，亮介却独自难眠，他忽然想到：自己好像沦落成了性的道具。意识到这一点，并没有使亮介感到悲哀，当然也毫无兴奋可言，只是，他明白了自己和凉子之间的交往方式，与一般的男女似乎有所不同，而这种交往将会朝着更加负的方向堕落下去。因此，亮介想看一看，自己到底究竟将堕落至何处。

在青山的种种古怪问题中，有一个问题是：“和田君，你曾经想到过去死吗？”亮介从鼻子里发出一丝冷笑，毫不踌躇地回答道：“没有啊！”可是当青山认真地追问了一句：“为什么？”他却一时无语以对。

“那我换个说法：你有没有过特别强烈地想活下去的时候？”青山又问。

“当然有啦！”

亮介以坚定不移的语气回答，他自己也不清楚为什么会如此坚决。

“是什么时候？”

“什么时候……”亮介不由得支支吾吾起来。

“其实……我最近在想，要不要在这部小说中让某人跟某人一起在东京湾自杀呢……所以，不知不觉就向你问了这么古怪的问题。”青山苦笑着解释道。

“哎，你还没有输入下一首曲子呢，”从洗手间回来的凉子问道。

亮介这才收回茫然而视的目光，连忙拿起遥控器。“听好了，我来唱一首我最拿手的《Stand by Me》。”

坐在身旁的凉子，膝盖靠在了亮介的大腿上。

白天，在水族馆观赏巨骨舌鱼的时候，不知是谁先起的头，两人聊到了第一次亲嘴的话题。“我第一次亲嘴就是跟女生第一次发生关系的那一次。”亮介坦率地告诉凉子。“啊？”正凝视着巨骨舌鱼[1]的凉子吃惊地大声问，声音足以连展示箱中的鱼儿也能听到。

“是不是不正常？”亮介不安地问。

“倒没有不正常啦，不过一般来说，像这种事情总是循序渐进发生的对吧？”凉子歪着头答道。

“是吗？”亮介也将头一歪。

“鱼类大概不会亲吻吧？”凉子看着水箱中的巨骨舌鱼，忽然若有所思地问。

“应该也会的吧。”亮介答道。

整洁光亮的玻璃水槽上，映出凉子那漂亮的嘴唇。

When the night has come

And the land dark

And the moon is the only light we' ll see

No, I won' t be afraid

Just as long as you stand

Stand by Me

……

“这就是你最拿手的歌吗？”

“怎么了？”

“还怎么了？！”

亮介还没唱完，凉子已经忍不住大声笑了起来，并且使劲地摇着亮介的肩膀。“你说怎么了？这简直就像外国人在唱日语歌嘛。”

“可现在是日本人在唱英语歌呀。”

亮介一把握住了凉子按在他肩上的手，凉子盯着亮介的眼睛注视了片刻，随即低眉颔首不语。亮介一手握着麦克风，另一只手猛地抱住凉子的腰，将她搂近身边，就势倒在沙发上，脸贴近凉子的脸，嘴唇轻轻地吻向凉子的鼻尖。

凉子的腰碰到了麦克风，发出“吵吵吵”的杂音。亮介缓缓地移动嘴唇，用自己的下唇摩挲着凉子的上唇，自己的上唇则探入凉子的两片嘴唇之间。他微微张口，轻柔地咬着凉子的上唇。

So darling, darling,

Stand by Me, oh, stand by Me

Oh, stand by Me, stand by Me

Stand by Me

昏暗的卡拉OK歌房里，只有无歌的伴奏在空自响着。

亮介将麦克风扔掉，刚要再一次吻住凉子，凉子忽然吃吃地笑了起来，喃

注① 巨骨舌鱼：生息在南美亚马逊河流域的一种巨鳞淡水鱼，学名Arapaima giga，意思是“巨大的红鱼”，体长最大可至2.5米，体重达二百公斤，是世界上最大的淡水鱼。——译者注

喃地说："……到最后，还不是都这样。"

亮介移开嘴唇，正想说些什么，这时墙壁上的电话响了。亮介放开凉子去接电话，里面传来店员冷冷的声音："还剩五分钟。"

"说还剩五分钟。怎么样，要不要延长？"亮介回过头问凉子。

"随便啦。"凉子答道，不过她的表情却并没有想延长的意思。

"明白了。"

亮介说了声，随后挂断电话。"还可以唱最后一首，你就再点一首吧。"说着，将厚厚的曲目本搁到凉子的膝盖上。

"你刚才想说什么？"凉子一面翻看着曲目本，一面问道。

"刚才？"

"是呀，就刚才。"

自己刚才想说什么来着？亮介想了想，可是想不起来。

"唱什么歌呢？"凉子的视线落在曲目本上。

"就唱刚才唱过的那首好啦。"

"刚才唱过的？"

"对呀，就是那首'冰凉的细雨啊'。"

"啊，是那首歌呀……哦，那首的编号是多少啦？"亮介手拿遥控器等着，"啊，有了有了……帮我按一下：1605。"凉子说完，将曲目本扔在沙发上。

歌曲开始，刚刚听过的旋律又再度响起。凉子紧紧地偎依在亮介身旁，十分投入地唱起旧时青春偶像的名曲。亮介看着凉子的侧脸，随着影像画面的变化，她的脸色一会儿被映成绿色，一会儿又被映成红色。

在水族馆里，凉子问起青山萤向亮介问了哪些问题。亮介回答："也没什么特别的问题啦。"可凉子依旧不依不饶，继续问道："比方说有些什么样的问题呀？"

“第一次跟女生发生关系是什么时候啦，喜不喜欢做爱啦之类的。”

“啊？！搞什么嘛，她问你这些问题干什么呀？”

“说是作为小说的素材。”

“这种事情也能作为小说素材？”

“谁知道啊。”

水族馆的表演池看台上，稀稀拉拉地只坐了很少的游客，有的观众在欣赏着自由自在来回游弋的海豚，有几个母亲则在喂孩子吃三明治。

“还有呢？”

“还有……什么样的情景会让我觉得比较容易激发起做爱兴致……”

“你怎么说的？”

“半夜钻被窝。”

“啊？”

“我是说，半夜偷偷钻进女孩的被窝啦。”

“这种事情会让你感到很刺激吗？”

“你不觉得刺激吗？”

“我？……我想……不会吧。”

“今天晚上我们试试看吧？”

“试什么？”

“半夜钻被窝啦。把房间里的灯全都关掉，然后等你睡熟了之后，我就悄悄地溜进去。”亮介说着便想将手搭在凉子肩上，凉子迅速地闪开了。

“还有呢？其他还问了些什么？该不会都是这一类的问题吧？”

“其他？哦，对了，她还问我有没有想到过死？”

凉子正欣赏着悠然自得在池中游泳的海豚，听到这句话，她脸上的表情一瞬变得有点僵硬。“那你是怎么回答的？”她问道。

“那还用说吗？当然是没有啦。”亮介笑着回答。

海豚表演似乎就要开始了，游客们三三两两地走上看台入座。

“想看表演吗？”亮介问。

“你想看吗？”凉子反问道。

亮介摇了摇头：“我不太想看。”

“可是，她为什么要问那种问题呢？”两人避开入场的游客朝门口方向走去的时候，凉子像是突然想起来似地问道。

“哪种问题？”

“就是有没有想到过死啦什么的……”

“她说，她一直在想，要不要让手头这部小说中的某人跟某人一起徇情自杀……”

“什么啊？不应该刻意地让小说里的人物去殉情自杀吧？”

“可她说这样才有戏剧性啊。”

“嗯，话是这么说，可是……”

“她还说，如果不这样写的话，就没有人愿意读恋爱小说啦。”

“是吗？……不过，的确，我也不喜欢那种拖拖拉拉的男女爱情故事。或许徇情自杀之类的情节会更加让人接受，那种完全沉浸到恋爱中去的感觉谁都向往呢。”

背后传来一阵阵巨大的水花飞溅声。表演还没开始，海豚就似乎已经忍不住跃腾起来了。

两人一路飞驰在海湾大道上，这条路与东京单轨电车并排而行，从天王洲笔直地通往亮介公寓所在的中洲。虽然天王洲的一角完全是一派现代化的都市风貌，但助动车一越过大桥，四周的风景便立即变成了平日里所见惯的码头仓库风景了。被单轨电车的高架轨道桥和首都高速遮蔽了阳光的海湾大道，由于每天成百上千辆驶过的卡车吐出的废气，使得道路上的斑马线、护栏、交通指示标志，以及道路两旁的杂草和自动售货机，看上去都是黑糊糊的，肮脏不堪。

每当在红色信号灯前停下时，亮介便会回头看一眼双手紧紧搂着自己腰际的凉子，而凉子也总是用手指将显得有些大的头盔往上推一推，朝亮介露出一抹笑容。

两人走出卡拉OK歌房的时候，亮介即打算前往旁边的东京第一海堡大酒店。“你真的要去酒店过夜吗？”凉子面露惊讶之色问道。

“为什么不去？说好了来一次真正的约会嘛。”

“你预约了吗？”

“哦，还没有……”

“既然这样那就别去了，我觉得还是在你的房间过夜好。”凉子说完这句话后，便什么也不说了，默默地盯着亮介的眼睛。

信号再次转回绿色，亮介加大油门，驾驶着助动车风驰电掣般地驶向前去。一瞬间，车子的前轮驶离了地面，旋即又落下来。接着，车子从大路拐进小巷，到达公寓门前之后，亮介先让凉子下车，然后将车子停放在人行道上。

凉子上了楼梯，随后亮介三步并作两步地从后来追上来，老旧的铁梯被他的体重砸得略微有些发颤。

亮介站在门口，正准备从口袋里掏出钥匙时，隔壁大杉的房门突然打开了，裕子一脸严肃的表情从门后探出头来。

由于之前已经彼此介绍过一次，因此凉子主动向裕子招呼道：“哦，你好。”

“你好。”

裕子慢吞吞地打着招呼。接着，有人在裕子身后推了一把，从门后走出来。是真理！亮介吃了一惊，手里的钥匙不由自主地掉落在地上。他急忙弯腰去捡起来，但是从真理身上移开的目光，像被什么东西吸引住似的又回到真理的脸上。

“你、你……”亮介极其勉强从嘴里挤出几个字，除此之外什么话也说不出来了。

猛一眼看上去，真理的身体消瘦得实在令人吃惊，仅仅不到两个月的时间，人的身体竟然能够发生如此巨大的改变，简直让人不寒而栗。

“真理有话要和你说。”裕子站在一旁，像是随时准备保护真理似的。听到裕子这么说，亮介这才好不容易将目光从真理消瘦的身上移开。

“大、大杉呢？”

亮介也不明白自己为什么会在这个时候问起大杉来，不过如果不说点什么的话，恐怕自己当场就会跌坐到地上。

“他这会儿不在。因为真理想和你两个人谈些事，我让他先出去一会儿。”

“去、去哪儿了？”

“八成是在弹子房吧……先不去管他啦，真理说她有话想跟你说。刚好你有客人在，真不好意思……喂，总而言之，五分钟就够了，你能不能到我屋子里来一下？”裕子一面说着，一面乜斜着眼睛朝凉子瞟了两眼。

裕子的一席话简直让亮介间不容息，他偷眼看了看站在身后的凉子。凉子虽然知道裕子是大杉的女朋友，可她并不清楚裕子旁边的真理到底是何许人也，不过，她明白此刻自己不便在场。于是，她对亮介轻轻点了点头道：“嗯，没关系。”

“不好意思，你先进房间里去等我好吗？”亮介低声说着，弯腰捡起掉落在脚边的钥匙。

就在此时，真理突然开口说道：“你是叫美绪吧？”

或许是因为身体急速消瘦下来的缘故，真理的声音也变了样。亮介顾不得直起身子，愣愣怔怔地朝裕子身后的真理望去。

“你打算用假名跟亮介交往到什么时候？”

真理的眼睛没有看亮介，而是盯着凉子。

“喂喂！你在说什么啊？怎么突然……”

亮介慌忙插话打断道。因为，真理的样子看起来随时都会扑上去揪住凉子似的。

“亮介你也真是！连自己女朋友的名字都不知道，你到底是怎么搞的啊！”真理强忍着怒气说道。“她根本不叫‘凉子’，她叫美绪！你连这个事情都不知道……”真理的声音已经不止是愤怒，而是几近呜咽了。

“真理，你等一下啦！”裕子连忙劝慰着。

“哎，哎……”凉子突然从背后拉着亮介的手。亮介毫无意义地“啊，嗯”答应着，点了点头。

“你不知道对吧？！”

凉子拉着亮介的手似乎微微在发颤。亮介用手里的钥匙打开门，随即从背后一推，将呆立不动的凉子推进去，随后自己也跟了进去。只听见裕子的声音在身后追着他喊道：“喂！等一下！”

凉子眼睛一眨不眨地盯着亮介。亮介返身将门掩上，把手放在凉子肩上，说道：“我过去一下，马上就回来。”“嗯嗯。”凉子点点头。“……是我以前交往过的女孩子，不过她以前可不是这个样子……”亮介凑近凉子的耳朵悄声解释道。可是，凉子却好像还没有从刚才突如其来的那一幕中回过神来，除了机械地“嗯嗯”点头答应之外，她脑子里一片空白，什么话也说不出来。

亮介重新回到走廊上，裕子和真理等在那里。亮介笔直朝两人走过去，然后轻轻推开裕子，站在真理面前。

“到底是怎么回事？”亮介问。

“她连自己的名字都没有老老实实告诉你吧？”

此时刚好一辆单轨电车驶来，电车的影子映在了真理泪汪汪的眼睛里。亮介等电车驶过之后，轻声回答道：“我知道。”

“你知道？你是说你知道那不是她的真名？”

“哦，我也不是特别清楚啦……不过你想想，我们是通过手机交友网络认识的，哪有女的一开始就用真名给陌生男人发送短信的？”

“那、那就是说，你明明知道她不叫‘凉子’，还一直称呼她‘凉子’，是吗？”一旁的裕子忍不住插嘴问。

“她暂时不想告诉我，我也就没必要硬去问她啦。”亮介答道。

“可是……那也太奇怪了吧？你和她不是在交往吗？”裕子似乎要抢着替真理不平似的。

“喂，你让我和真理两个人谈谈吧。”亮介对她说道。

裕子向真理瞥了一眼，真理点点头说：“不要紧的。”裕子尽管脸上露出不很情愿的表情，但还是乖乖地转身进了大杉的房间。

“你到底怎么了？”裕子走后，亮介再次打量着真理瘦削的身体。

“……跟你分手，比想像中还要来得痛苦。”真理喃喃地说道，总算又恢复到了平常的口吻，脸上也浮现出一丝微笑，不过却好像随时都会迅即消失似的。

“我、我也不知道说什么才好。”亮介说。

“嗯，我知道。”真理微笑着说。“看来我还是不行哪。为什么我每次喜欢上的偏偏总是并不喜欢我的人呢？难怪裕子老是笑我，说我跟男人好像就是没缘分……”

看着灰心丧气的真理，亮介想说些什么安慰安慰她，但想到裕子此刻一定正躲在门背后偷听，再说不管自己说什么，听上去都像是虚情假意的敷衍，于是什么话也说不出口。

“既然你已经知道，那就好了。”真理说。

“知道？知道什么？”

“就是那个人她其实不叫‘凉子’啊。”

亮介情不自禁地回头朝自己房门望了一眼。房间的玄关没有透出光亮，大概凉子仍旧呆呆地站立在门后呢。

“好了，没事了。”听到真理这么说，亮介于是又回过头来看着真理。“她在等着你呢。”真理接着说道，随即又轻声道歉道：“对不起。”同时推了亮介胸口一把。

“我送你到车站吧？”

“不用了，我和裕子慢慢走着回去好了。”真理说完，勉强挤出一丝笑容。

“等一下！”突然间，大杉的房门被推开，裕子从门后闪了出来。

“怎么了啊？”亮介和真理同时不由自主地往后躲闪一步。

“不光是这些，真理还有一件事情要跟他说对吧？！”裕子使劲催促着真理。

“还有一件事？什么事？”亮介仿佛被裕子的气势一下子震住了似的，他背倚着身后的栏杆问道。

“好啦，已经没什么了嘛。”真理慌忙抢着回答。

“可是……”

“真的已经没什么了嘛。”真理推着裕子的肩膀，准备一同回房间去。

“如果你真觉得没什么的话，我是无所谓……”

“好啦，真的没什么啦。”

两人一来一往的对话，亮介根本插不上嘴，只能在一旁听着。

“真的对不起了，突然间打扰你。”真理转身向亮介说道，同时用力地推了亮介一把，示意他赶快回房间去。

亮介虽然仍愣在那里琢磨着裕子所说的“还有一件事”究竟是什么事，但经不住真理的用力推搡，只好无力地问一句：“真的没什么了吗？”然后转身朝自己房间移动脚步。头顶上又有一辆单轨电车驶来，在电车发出的隆隆声响中，真理已经将裕子推入大杉房间，随后自己也跟着进了门，“嘭”地关上了房门。被独自留在走廊里的亮介，朝大杉的房门又看了看，确认真理并没有探出身子之后，才转身打开自己的房门。凉子应该在等着自己。

果然，凉子仍旧站在门后。仅仅隔着薄薄的一层门板，外面的对话想必全都被她清楚地听到了吧。但凉子却装作什么也没听见地问道：“发生什么事了？”

“没什么。”

亮介打开厨房的灯，然后脱掉鞋子，刚要走进里屋，凉子在背后喊道：“哎！”

凉子还没脱鞋子，兀自站在玄关。

“快进来呀！”亮介说。

“嗯……”凉子嘴上答应着，可并没有要脱鞋子的意思。

“是想告诉我名字的事情？”

亮介原本以为自己不会介意的，但此刻自己的声音听起来却分明带着不快。见凉子沉默不语，亮介于是继续说道：“一般来说，上交友网站的女孩儿都不会使用真名的吧？”亮介笑着说，可凉子却表情僵硬，令亮介不免心里一惊。

“啊，其实……我没有别的意思……”亮介慌忙补充道。然而，在厨房昏暗的日光灯照射下，凉子的表情依旧僵硬着。

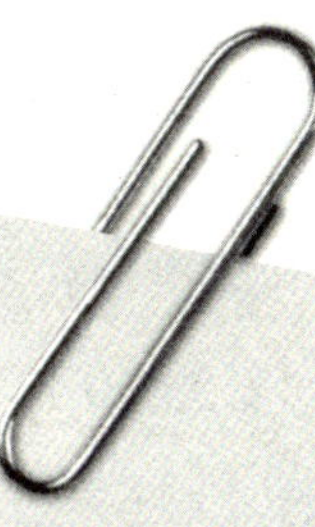

第五章

临海

“等等我！”

正准备走出大楼去买便当时，忽然听到身后传来佳乃的声音。转身看去，却不见佳乃的身影。美绪环视了一下宽敞的大厅，却依然是只闻其声不见其人。明明听到佳乃的声音啊，美绪心里思忖着再度朝外面走去。

“我叫你等一下嘛！”佳乃穿着凉拖鞋，“吧嗒吧嗒”地从二楼奔下来。

“原来你是在上面喊我哪。”美绪朝佳乃说道。佳乃小心翼翼地朝美绪跑过来，好像要滑倒在大理石地面上似的。

“你要去吃午饭吗？”佳乃气喘吁吁地问。

“嗯。一起去吗？”美绪反问道。

两人并肩走出大楼，外面正下着倾盆大雨。在高高的楼上，隔着玻璃看打在窗户上的雨，总像是毛毛细雨一般，感觉不到雨势的大小。

“这雨真讨厌……”佳乃一面撑开那把漂亮的雨伞，一面以厌烦的口吻抱怨道。美绪则在一旁撑起折叠伞。

“……哦，对了，美绪你知道临海线已经开通了吗？”

“是吗？什么时候？”

“嗯，好像是上个月或者是上上个月吧……”

走到没有屋檐遮挡的地方，穿着凉鞋的双脚立即就被地面弹跳的雨点溅湿了。虽然东京湾就近在咫尺，抬眼可见，但因为大雨的缘故，看上去却是灰蒙蒙的，仿佛凝固的一般。

“刚才在二楼大厅正好碰见营业部的市毛先生，他说他在川崎市买了一套公寓，所以我就问他：‘那你上下班路上够辛苦的吧？’谁知道他竟然毫不客气地嘲笑我说：‘你还不知道临海线已经开通了吗？唉，我看你真的是什么都不知道哪。’唉，我平时又不去临海信息港车站那一带，我怎么会知道嘛……市毛先生以前不是从池袋上下班的吗？所以啊，他现在上下班路上时间差不多减少了一半呢。”

佳乃一面说，一面注意着避开脚下的水洼，因而离美绪一会儿远一会儿近。

“临海线是通到什么地方的？”美绪问道。

“从台场这里穿过东京湾的海底，经过天王屿，然后好像一直通到大井町，所以从川崎那边过来确实近了好多呢。”

听着佳乃的解释，美绪试着在脑海里浮现出一幅东京湾周边的地图。从这里前往品川，以前不得不乘坐“百合海鸥号”沿东京湾绕大半个圈才能到达，而现在，只要走直线从东京湾底下穿过去就可以到达了。

“大概要花多少时间？”美绪问。

“到川崎吗？”

“不是，我是问穿过东京湾的海底需要多少时间。”

“嗯，总共只有一站而已，大概也就三分钟左右吧。”佳乃歪着头答道，同时灵巧地跃过脚下的水洼。

或许是因为下大雨的缘故，滨海公园沿路一字排开的咖啡店和餐厅都门可罗雀。本来美绪只打算买盒便当就回去的，但佳乃却说：“反正不用等多少时间啦，吃完再回去嘛。”于是美绪跟着佳乃来到一间夏威夷餐厅。虽然以前也来过几次，不过来这里的顾客大多是在附近工作的白领女性，每张餐桌上不是唧唧喳喳谈论男人的话题，就是抱怨同事和上司的牢骚，美绪觉得倒不如在狭小的“幸”荞麦店里，跟那些自顾自默默地吞咽荞麦面的大叔辈男职员挤在一张桌子上来得自在，因此近来很少到这间夏威夷餐厅来。

两人各自要了一份烤剑鱼加猪肋排套餐。佳乃吃完之后，便拿起手机忙着不停地发送短信。突然，她皱起眉头对美绪说道：“好像最近公司里对你反映不太好哦。”

“什么嘛，怎么突然这么说？”美绪正用叉子将剑鱼往嘴里送，听到佳乃这么说便停了下来。

“因为大家都在传你的八卦啊，说什么宣传部那个优秀的平井美绪最近要么是早上开会迟到，要么就是重要的联谊会缺席……大家都在猜，说你一定是搭上哪个有问题的男人了吧。”

“女人只要有点什么事情，别人马上就会把问题归咎到男人身上。”

“可事实不就是这样吗？”佳乃揶揄道，随即又笑着说：“不过，我可是站在你这边的啦，所以我听到这种八卦话，就索性添油加醋把它彻底闹闹大啰！”

“说什么啊！说到底，最先开始传播这种八卦消息的罪魁祸首，我想就是你吧？”

“才不是我啦。我只是跟他们都说啦：‘美绪好不容易才找到一个让她可以沉浸在幸福中的男人，你们就暂且睁一只眼闭一只眼吧。’”

“你是在开玩笑吧？”美绪说着举起手中的叉子，假装要朝佳乃刺去。

“当然是开玩笑的啦，那种大实话我可绝对不会说出去的哦。”佳乃夸张地躲开叉子，笑着答道。

或许是午餐时间的缘故，餐后的咖啡早早地便送了上来，两人的谈话才就此打住。

确实如佳乃所说，最近这两个星期，美绪几乎每天都是在亮介的房间里度过的。虽然已经不记得这两个星期中跟亮介聊过些什么，但是却清楚地记得他是怎样拥抱和亲吻自己的身体的。

怎样才能形容出那种感觉呢？早上，从带着两人体温的被窝中起床时的惆怅不舍……即便有事在身，但正要出门时被亮介轻轻触碰一下脖颈，全身立时蔓延开来一种莫名的缱绻留恋……明知留下来也不见得就万事顺遂，但不知道为什么身体就是越来越沉重，而且不是任性地只想两人呆在一起，只想被拥抱，而是渴望持续不断地被拥抱……啊，那种感觉不同于浮在水上任意东西，而是一种简直像要沉陷到水底泥泞之中去似的疯狂野性的感觉。

“对了，他以前那个女朋友，最近一直都没出现吗？”佳乃一面将砂糖放入意式咖啡中，一面问道。被她一问，美绪才意识到自己正目不转睛地盯着杯中的咖啡泡沫发呆。“我听到你跟我讲那些事情的时候，还以为你一定会放弃的呢。”

“放弃？”美绪喝了一口咖啡反问道，顿时，从鼻孔里向外溢出一股浓郁的咖啡香气。

“是呀，跟那种女人玩什么三角恋爱，才不像是我认识的美绪做出来的事情呢。不过话说回来，我对你又到底有多了解呢？”

“就连我也被自己吓了一跳呢。”美绪将杯子放回碟子里。这时，坐在旁边桌子的三个女职员各自将零钱摊开在桌上，准备结账。

“她埋伏在那个男的公寓里，等你从里面出来回家时便一路跟踪你不是吗？真是太可怕了。”

“……嗯，这也只不过是我的猜测啦。因为隔壁还住着他的朋友，他的女朋友跟她是好朋友。我想，也可能是他女朋友提供情报给那个女的，告诉她说‘今天她要来过夜’、‘她差不多该回去了’之类的。”

“瞧你都把我说糊涂了，什么他的朋友啦谁的女朋友啦，到底哪一个是哪一个啊？”佳乃笑着，用一种其实并不想探究明白的口吻说道。

“总之呢，第一次碰见她的那天晚上，我还以为会被她杀掉呢。不过现在想想，我倒觉得，她的心情也是能够理解的。”

“什么意思？”

“就是说，假如我自己突然间被他甩掉的话……”

“啊？你是说你也会变得像她那样？”

“……嗯，我也说不清楚。”

“不会的，绝对不可能！”

“什么事情不可能？”

“你是绝对不会做出那种事情来的，对吧？”

“为什么？”

“什么为什么……其实啊，我总觉得你跟他不会有什么结果的。”

“你在说什么嘛！太过分了吧？”

“怎么说呢……我只是根据你所说的觉得，他是叫亮介吧？我觉得那个亮介其实并不是你所喜欢的类型，只不过是你以前没有遇见过的类型而已，你说对吧？除此之外，我想不出你还有什么被他吸引的理由。”

“不是像你说的啦……”

“不是吗？那你能想像得出你跟他一起生活的情景吗？”

美绪试着想像跟亮介在一起生活的情景，然而，脑海里浮现出的尽是在窗帘紧闭的房间里，两人大白天赤身露体缠绵在一起的场景。

旁边桌子上的女职员将零钱集齐之后便起身离去，留下散乱的餐盘。没有吃完的东西也没有叫服务员撤走，三个人只吃了一半的巧克力冰淇淋，在白色餐盘里融成了一汪赭色的水。

看看时钟，已经过了一点半。

“差不多该走了吧？”美绪说。

“嗯。”佳乃点了点头，从钱包里往外掏钱时又突然说道：“啊，对了，这会儿告诉你好像有点突然……我下个月底就要辞职了。”

“什么？下个月底？”

“是啊，本来我还打算再做一段时间的，可是……”

“发生了什么事情吗？”

“……我有小孩了。”佳乃有些不好意思地回答。

佳乃说，她就快和念大学时开始交往的男朋友结婚了，本来两人不准备办酒席，只把结婚登记手续办一下就好了。可是，对方家长却表示，如果不打算办酒席的话，则希望两人一同回他的老家冈山去逐一拜访一下亲戚。他们觉得这也是相当烦心的事情，因此两人之前一直在考虑何时办理结婚登记手续。

佳乃说完便站起身来。美绪问道："那么说，你就快要去登记了？"

"其实，我上个月已经登记啦。"佳乃回答。

"真的假的？怎么没跟我说一声啊？"

"所以现在不是告诉你了嘛。不过，你可不要告诉其他人哦，拜托拜托。"

"为什么？"

"因为要是说出去的话，别人不得送礼吗？以后要还礼什么的可就够麻烦的啦。"

"这是什么话嘛！"

美绪本想狠狠数落她几句，但一想要是将心比心换成自己的话，恐怕也会这样考虑的，于是对佳乃的想法也就不以为怪了。

"真的要辞职了，倒是感到有些寂寞呢……不过，反正我也不像你那样，从工作当中还能发现人生的价值。"

"没有啦，我也并没有去发现什么人生价值啦。"

"不不不，虽然你嘴里那么说……其实哪，一个人适合不适合工作，不是由自己决定的，而是由工作本身来决定的。你呀，毫无疑问，工作很喜欢你呢。"

"你这算是在夸奖我吗？"

"当然啦……所以说嘛，别看你现在跟那个男的亲亲热热地尽享人生乐趣，将来迟早会感觉到不满足的。"

"尽享人生乐趣是什么意思啊？"

"啊，对不起对不起，我好像有点说重了……不过总而言之，像你这种严谨惯了的优等生，怎么说呢，有时也会对那种散漫放纵的女人产生憧憬吧？”

“什么嘛，什么叫放纵的女人啊？”

“就是……像现在的你这样子的女人啊。”

“我哪里放纵啦？”

“你看你现在，就知道沉溺在他的爱情里，工作三心二意的，是不是够散漫的，不像个正点女人啊？……我不是在责备你喔。我只是觉得，也许你认为现在的生活很快乐，但终归有一天，你会对自己感到讨厌的……我朋友当中就有这样的人，这种散漫放纵的女人啊，那真的称得上是‘特殊材料制成的’哩。”

“不过，作为一个女人，我好像觉得那样的女人才更加容易得到幸福。”

“又来了又来了。你心里明明不是那样想的吧？”

“为什么那么说？我有时真是这样想的啊。”

“那，既然这样，为什么你还一直用假名跟他交往呢？”

“这个嘛，是因为……”

“散漫放纵的女人哪，是不会介意把自己的真面目暴露给别人看的。”

在柜台上结账之后，两人走出餐厅。雨势一点儿也没有减弱，给不远处的人工沙滩罩上了一层浓浊的灰色。海面经滂沱大雨一阵发泄之后，蒸腾起一片白色浓雾，使得海湾对面的品川码头看起来仿佛比平时更加遥远。而在这浓雾笼罩的海面下，临海线就穿梭奔驰在海底。只需三分钟，穿过波涛汹涌的海底，仅仅三分钟，电车便可直达彼岸。

“哎，假如我说，我希望我们永远像现在这个样子，从明天起两个人都不要去上班，就一直呆在这里的话……你打算怎么办？”

美绪一面用后背感受着亮介胸口和腹部的触感，一面用稍带沙哑的声音问道。声音沙哑是因为，一方面几乎所有的唾液都被亮介的双唇吮吸干了，同时美绪又不断用干渴的喉咙拼命呻吟的缘故。

亮介没有回答，仍然从背后用胳膊紧紧搂住美绪的脖颈，于是美绪张口朝亮介的手背上轻轻咬了一下。

“哎哟！”亮介身体向后一仰，下身刚好顶在美绪的屁股上。

“哎！问你啦，你到底会怎么样嘛？”美绪问。

亮介一面抓挠着被咬的手背，一面说：“那你先说说看啦。”

“说什么呀？”

“就说‘我希望我们永远像现在这个样子’。”

“我说了你会怎么回答？”

“那你就说说看嘛，说了不就知道啦。”

屋子里没有开灯，只有电视机开着，被调到了静音，电视里正在播出关于名古屋市发生的系列拦路强奸案的报道。随着电视画面的色调变化，两人赤身露体躺在被窝里的肌肤，也变换着被映成红红绿绿的不同颜色。

美绪伸手去拿丢在矮桌底下的电视遥控器，想调高电视的音量。后背离开了一直紧贴着的亮介的胸口，便感觉到汗津津的身上仿佛有一丝清风吹过似的。眼看手快要碰到遥控器了，可偏偏就差半公分却怎么也够不着。这时，亮介恰好想起身，肩膀无意中顶了一下美绪的后背，这下子手指刚好抓住遥控器。

像往常一样，亮介起身后什么也没穿，光着身子走向卫生间。美绪刚摸到了遥控器的按键，正准备调高音量，从卫生间却传来亮介的小便声。

美绪停住手，朝卫生间的方向喊了一声：“喂！”

“什么呀？”亮介的声音听上去好像有点不耐烦。

“我想一直呆在这里，一直像现在这样子！”

美绪大声喊叫的声音与卫生间里的流水声正好重叠在一起。“嗯，你说什么？”从卫生间推门出来的亮介问道，同时在电冰箱前面蹲下身，从电冰箱里拿出一瓶瓶装水。“我也要喝。”美绪说道。亮介“咕噜咕噜”地喝了几口水，然后重新回到被窝。

亮介将冰冷的水瓶贴在美绪的下腹部。“啊！”美绪发出一声尖叫，想用手去挡掉水瓶，这时，亮介突然把嘴唇凑过来，并且想将嘴里含着的温吞吞的水灌进美绪口中。

美绪将身子一扭躲开了。亮介嘴角溢出来的水，沿着他不修边幅的下巴，滴落到美绪的乳房上。

“哎，明天、后天、大后天，我们都不要去上班，我想就一直呆在这里，就像现在这样子。”

美绪说着，撑起上半身，盯着横卧在地的亮介的脸孔。

“喂，我说啦，轮到你回答了！”

说完，见亮介只顾眼睛盯着天花板，美绪便又捏住亮介的鼻子催促道。

亮介夸张地张大嘴巴一张一合地吸着气，一面笑着回答：“好啊！”

“什么事情好啊？”美绪问道。

“就是明天、后天、大后天，都一直呆在这里，像现在这个样子。”

“一直像现在这样子呆在这里的话，那日子怎么过啊？”

“不是你自己这么说的吗？”

“谁让你随随便便回答的啦。”

“反正你也是开玩笑的吧？我要是认认真真回答的话，不变成傻瓜了吗？”

“那，我要是认真的呢？”

亮介将目光从天花板移开，朝美绪扫了一眼，说道：“……嗯，不像是认真的。”说完便将目光又转向天花板。

“如果我说的是认真的呢？”

美绪说着将自己的脸孔伸到盯着天花板的亮介的眼前。亮介望着美绪的瞳仁深处凝视了好一阵，像是要从中发现什么似的。过了一会儿，他笑着说道："……嗯，果然不是真的。"然后将美绪的脸轻轻推向一边。

这天，美绪第一次搭乘临海线来到品川。下班后，她刚要习惯地朝台场滨海公园车站走去时，忽然想起临海线已经开通了，于是又返身走向临海线的临海信息港车站。

真的只是短短的一瞬间。从临海信息港车站到天王屿车站，从某种意义上讲，两者之间的距离短得不能再短了。就地形位置来讲，两站隔着东京湾夹岸对踞，然而，就像用尺在地图上划了一条直线一样，没有任何起伏，电车倏地刹那间便已经抵达对岸。自然，既不会令人生起穿越东京湾的感慨，也丝毫感受不到海水的气息。

美绪将这些告诉亮介后，亮介又问道："那从天王洲到这里是怎么过来的？走路的话要走不少时间吧？"

"不是，是坐出租车来的。"

"你只要给我打个电话，我不就骑助动车去接你了嘛。"

"差不多就是一个起步价，计价器才不过跳了一次而已啦。"

"是吗？那很近嘛。"

"是很近呀。时间衔接得好的话，十分钟就可以到了。"

此前亮介也不知道临海线开通的信息。虽然他听说过天王洲新建了一个车站，但并不知道它通向哪里，因为并无需要，所以他关心都没关心过。

亮介说肚子饿了，于是起身去厨房煮开水，准备泡杯方便面吃。美绪冲他问道："对了，新一期的《LUGO》差不多该出刊了吧？"

"鲁狗？"

"就是刊登青山萤连载小说的那本杂志啦。"

"啊，啊啊。"

“什么‘啊啊啊’的呀，你不是还到她家里去过了吗？”

美绪双手抱枕，朝厨房方向望着。照理煮开水时该穿件内裤什么的，可是亮介却浑身赤条条的，两手交叉在胸前，目不转睛地看着水壶。

“……现在回想起来，我还告诉过那个人不少事情哩。”亮介盯着水壶说道。

“包括第一次性经验是什么时候啦，喜不喜欢做爱啦之类的，对吧？”

“……嗯，虽然她也问到那些问题，不过之后还讲了好多其他事情啊。不知道怎么回事，我在她面前，我就会……不由自主地把好多事情都说出来了。”

“譬如说呢？”

“譬如说倒是不大好说啦……不过，那个人老让我像要跟人吵架一样，她问问题，我要是回答她说‘忘记了’，她马上就会说：‘不是忘记了，是你不根本不愿意想起来吧？’被她这么一激，我就会拼命地去想那些事，然后回答她。”

水开了，只见亮介提起水壶，将水冲入已经撕开口的方便面杯里。尽管早已经将亮介的身体看惯了，也触摸惯了，但是像这样同时看着煤气灶的火焰与亮介的裸体，他胸前那道被火烧伤的疤痕却还是十分的抢眼。

“不知道那篇小说到底会是什么样的结果呢？”美绪问。

“谁知道哪。”亮介一手端着泡面，嘴里衔着筷子走回被窝，边摇着头边答道。“那篇小说，故事情节展开得好快呀，我看我们很快就会跟不上的。”

“跟不上是什么意思？”

现在回想起来，小说的第二回中，“永井英二”的女朋友“仓田爱”为了调查男朋友在手机交友网络上认识的“理子”的底细，埋伏在公寓前，等到她回家时便一路尾随的情节，跟现实生活中发生的事情一模一样。虽然美绪也不知道自己究竟是什么时候被真理跟踪上的，但只要一想像起当时的情节，就会感觉浑身透着一股寒气，手脚冰凉。正像佳乃前几天所说的，假如自己还是以前的自己，那她肯定会从这种三角关系中抽身而退的。不过，这次之所以仍然跟亮介持续着这种关系，并不是因为亮介对她说过："我已经跟真理通过电话好好谈过了，已经没事了。"而是想以一种冷静的态度，就像阅读小说一样的态度，关注这种关系今后将会如何发展，同时隔着一段距离，来审视一下现在这个开会迟到、重要活动无故缺席的自己。

虽然佳乃用"沉溺在爱情里"这样的话来取笑美绪，但美绪觉得似乎有些不太准确：自己并不是因为深爱着这个光着身子吃方便面的亮介，才会在他面前这么大胆地放开自我，而正是因为自己并不太爱着他，所以在他怀里才能够如此自由地解放肉体。

"你要吃吗？"也许是因为美绪一直专注地看着他的缘故，亮介将杯面朝她递过来问道。美绪摇了摇头，说声："不吃。"然后将手放在亮介盘腿坐着的大腿上。

星期天傍晚时分，美绪在车站前的洗衣店里取回拿来洗的套装，然后走向已经三天没有回去的公寓。这一阵子，美绪下了班便直接从公司前往亮介住的公寓，第二天早上再从这里去公司上班，自己的住处只有在需要拿取替换衣服时才会偶尔回来一次。

到246号国道旁的超市去，沿着洗衣店前的路一直往前走是最近的，但美绪想起今年以来还没有去过河边那条樱花夹道的散步路，于是特意绕个远道，走向小河边的散步路。

井上幸治打来电话恰好就在此时。美绪一接起电话，听筒里便传来井上精神饱满的声音："喂喂，是我啊。"

刚好正经过一个政坛大亨的豪宅门口，守卫在大门前的警察警惕地注视着自己，于是美绪赶紧加快脚步，从豪宅门口走过。

"总算忙停当下来……"井上说。

美绪接着道："好像忙了挺长时间嘛。"

"说起来，又是办工作交接，又是欢迎会什么的，每天晚上又要加班，结束后还要被拖着一起去喝酒……我一直想给你打电话，可就是一直没时间哪。"

美绪打断了自顾自说起来没完的井上，说道："我现在在外面，马上就要回家了。等一下再打给你好吗？"

"好啊，大概几分钟后？"

"我先顺路去超市弯一下，大概半小时以后吧。"

"那好，你就打到我住的房间吧。"

美绪挂断电话，将手机放回提包里。原本特意绕远道是打算来散散步的，可是等通完电话，已经走到樱花树成阴的散步路尽头了。

井上幸治是为了工作调动做准备而来到东京的。与亮介到品川水族馆约会大约一个星期之前，美绪和他相约在银座的和光百货商店前见了一面。其实在抵达东京当天的晚上，井上就给美绪打来了电话。井上开口便问："这个星期天有空吗？""对不起，我那天刚好有点事情。"美绪答道。虽然并没有事先约定，不过美绪还是打算星期六去亮介的住处过夜。

"一整天都没空吗？"井上追问道。

"有什么事吗？"美绪反问道。

"还问我有什么事，你还是和以前一样不讨人喜欢啊。当然是相亲啦，相亲！"井上在话筒另一端笑出声来。

"什么呀！这件事情你不会认真吧？"

"我当然是认真的喔。调到东京去之后，这就是我唯一值得期待的事情啦。"

美绪一时不知如何接口。"跟你开个玩笑啦。我想你身边已经有男人了吧？"井上笑着说。

"嗯，是啊。"美绪回答。

一瞬间，两人的对话出现了微妙的停顿。但井上很快笑了笑，说道："哈哈，我早就猜想到你有男朋友了。不过没关系啦，我好不容易来一趟东京，不管你星期天有什么事情，晚上陪我一起吃顿饭总可以吧？就算是老同学聚会吧，只有我们两个人的同学聚会。"

美绪本想回绝的，可是井上的语调中似乎带着一种奇妙的氛围，让人觉得，接受了他的邀请，或许就会有意想不到的事情发生。这种感觉，就好像是在无聊的暑假里，突然他来接自己去海边游玩一样。

"你晚些时候来也没关系，我们找个地方一起喝一杯。我星期一晚上就要回去了。"

那阵子，美绪还只是周六晚上在亮介的住处过夜，星期天傍晚六点钟左右便返回自己的公寓。因而她想：傍晚从亮介的住处出来，然后再赴井上的约，见上一面应该也没问题。

"你现在住在哪个酒店？"美绪问。

"住在银座的一个酒店。"

"那，我七点钟左右赶到银座去吧。"

最终美绪还是答应跟井上见面了，随即挂断了电话。这并不算是三心二意，她只是想见见自高中毕业之后便再也没有碰过面的老同学而已。

到了约定的这天，美绪如约来到和光百货商店前等候，而井上幸治则迟到了十五分钟才现身。原来他以为见面地点就在酒店附近，于是连地图也没带就出门了，结果一出门便弄错方向，走到新桥车站那儿去了。

"你还是一点儿也没有变啊。"毕竟有十年没见了，美绪心里多少有点紧张。不过，井上见面后说的第一句话便仿佛将两人一下子又拉回到了从前。"我变了吧？"

"是啊，变得像个大人样了。"美绪答道。

站在眼前这个许久未见的井上幸治，浑身上下平添了一丝威严，眼睛里也充满了自信。

“对了，我后来打电话给父亲，他说像你这样年纪轻轻就被派到东京分公司，将来一定会有大出息呢。”

井上在前头朝预约好的餐厅走去，听到美绪的调侃便也开玩笑地接口道：“是啊，你要是肯嫁给我的话，将来一定衣食无忧、生活安定。”

同学真是一种不可思议的关系，尽管岁月已经流逝了将近十年，可一旦重逢的瞬间，立刻就能找回原先在一起时的那种节奏。

井上带美绪去的是一家感觉非常不错的意大利餐厅。厨房里还有贴着马赛克瓷砖的烤窑，每一道料理都美味得让人心情愉悦。

“你还知道不少好餐厅哪。”美绪半认真半打趣地说道。

井上笑了：“我拼命打听才得知这地方的。”

“什么时候真正调来东京工作？”

“大概下个月的十号前后吧。”

“那搬家什么的一定会忙你个够呛吧？”

“怎么？你想来帮我忙吗？”

“你付我劳务费吗？”

“没问题，这是我预支给你的。”说着，井上将盘中剩余的一块鳀鱼匹萨铲起放到美绪的餐盘里。

“假如你真的有困难的话，我可以帮你喔。”

“不用啦，没问题。你还记得大沼、石井他们吧？他们现在都在东京，我已经跟他们说好了，到时候他们会来帮我的。”

“你还是像以前那样，身边尽是一帮男生吗？”

“别那么说啦。你还不是一样，老是独自一个人一副无聊的样子？”

“我读高中的时候老是一副很无聊的样子吗？”

“是啊。每次我们做那些无聊的蠢事时，就感觉到有一道冷冷的视线从远处望着我们，一回头，看到的总是你。”

“用很无聊的表情看着你们吗？”

“是啊，一副很无聊的表情。”

“那时候我还是个小孩子呀，你就不用跟我计较了嘛。不过你看，现在的我已经不一样了，虽然跟这么无聊的人一起吃饭，但我还是可以笑脸相迎。”

听了美绪的话，井上咧开大嘴笑了起来。望着井上的笑脸，美绪的脑际忽然间掠过了亮介的身影。在亮介的房间里，两人可从来没有像这样一起开怀地笑过。

从超市购完物回到公寓，美绪正想将床单揭下来放进洗衣机洗时，电话铃声响了。

美绪停下手上的活儿拿起电话听筒，从听筒的另一端传来井上幸治的声音：“喂，你明明到家了嘛。”

“什么事啊，这么急。”

“你不是说好半小时后给我打电话的吗？”

美绪看了一下表，因为刚才从超市回来的路上又顺便逛了一下书店，时间已经过去一个多小时了。

“啊，对不起，因为刚刚去了一趟书店……”

“算啦，没关系……我是想问你：这个星期天愿不愿意一起去看电影？”

“看电影？”

“是啊。东京有好多电影可以看哪，还有好多很棒的电影专辑，比方以前的老电影啦什么的。”

“原来你喜欢看电影呀？”

“你说什么哪，别看我这副样子，我在上大学时还参加过学校的电影研究会哩。”

“自己也拍电影吗？”美绪问。

“嗯，拍过一些短片，八毫米的。”

“嗬！真是没想到啊。”

“想不到吧？连我自己都没想到哩。”

美绪抬起肩膀将话筒夹住，然后一面听电话一面揭床单。

“我很高兴你邀请我去，不过我已经说过好几次了……”美绪说。

“你是说已经有男朋友了对吧？我知道。所以我不是那个意思，你就当是在帮助一个刚刚来东京、还没有什么朋友的老同学嘛。”

“那、去看什么呢？”

“我告诉你说啊，银座正在放映米开朗基罗·安东尼奥尼的电影专辑呢。”

“是真的吗？！我也很喜欢他的电影哪！”

“是吗？”

“像他的《红色沙漠》[①]啦、《蚀》[②]啦，我都很喜欢的喔。”

“哦，你还知道《蚀》啊，那你真的算得上是个内行了……现在正好在重映《蚀》，你在电影院里看过吗？”

“没有。我只看过录像。”

“那就一起去看吧！”井上说。

美绪将床单团成一团，扔进了洗衣机里。

下一个星期一的傍晚，美绪正坐在办公桌前，看着电脑上朝阳缓缓升起来的屏幕保护程序，从外面回来的久保科长朝门外走廊方向努了努嘴，给她做出一个“平井，你出来一下”的暗示。

上午，公司公布了人事调整的情况。今年，美绪所在的宣传部没有什么大的变动，唯一的一件便是和美绪同一年进公司的山口昌司被提升为主任。美绪心想，久保科长刚才朝自己示意到外面去，一定是为了这件事情吧。自从人事调整结果公布之后，总觉得周围人都在用同情的眼神看着自己。

美绪来到走廊，科长对她说道：“我们到吸烟室去吧。”

“如果是关于人事调整的事……”

美绪想省得拐弯抹角的麻烦，干脆自己先挑明了。可是科长打断了她的话：“你先别急，跟我过来再说吧。”

位于二十三层的吸烟室里可以一望而至对岸的品川码头。而此时室内空无一人，只有放置在墙边的一排自动售货机不时低低地发出“嗡——嗡——”的马达转动声。

“发给各个加油站用的宣传小册子做好了吗？”科长一面问，一面朝最靠窗的那台售货机里投了一枚百元硬币。

“做好了。”美绪简短地回答。

“你要喝点什么？”科长回过身来问道。

“那……就给我来杯红茶吧。”

注① 《红色沙漠》—Il Deserto rosso：意大利费德里克斯影片公司于1964年出品的电影，由电影大师米开朗基罗·安东尼奥尼编剧和导演，同年获得第29届威尼斯电影节金狮奖，被誉为“电影史上第一部真正意义上的彩色影片”。——译者注

注② 《蚀》—L’Eclisse：又译《欲海含羞花》、《情隔万重山》，意大利与法国与1962年联合出品的电影，由米开朗基罗·安东尼奥尼编剧和导演，系其《感情三部曲》的第三部，该片同年获得第15届戛纳电影节评委会大奖。——译者注

科长的手在一排按键前游移了一会儿，最后按下写有“大吉岭”字样的按键。一只纸杯立即应声而落，随即响起红茶注入纸杯的声音。

“不要沮丧哦。”科长突然说道，他的眼睛不是看向美绪，而是有意看着自动售货机里的纸杯。

“我没有沮丧啊。”

“是吗，那就好。”

“我是不是应该显得情绪低落才正常啊？”美绪问道。

科长将脸转向美绪，说了一句：“不可以表示出太强烈的反对哪。”一时间，美绪不懂科长究竟在说什么。“以后，你就好好协助山口工作吧。”科长接着又说道，美绪这才弄明白刚才那句话的意思。

“人事调整这种事情，很多时候并不见得是按照相关部门的意见决定的。”科长取出热腾腾的红茶，继续说道。

“所以我说了我并没有……”美绪接过科长递过来的红茶，手掌心立即感受到杯子传来的热度，同时，一股“大吉岭”的甘醇香气飘过鼻翼。

“真是叫人想不通啊，仅仅只有过一次……”

美绪明白科长接下来想要说什么，急忙朝吸烟室门口望去，幸好没人从走廊走进来。

“……就因为只有过那么一次……‘你比山口更合适升任主任’这样的话，我竟然一下子说不出口来。”

“那件事跟这件事到底有什么关系？”

美绪也感觉到自己的语气有点冷森森的，可是已经说出口的话想收也收不回来了。

“是啊，确实一点关系也没有。不过，该怎么说呢……我总觉得，我心里是想说你比山口更合适，可我觉得这样好像不是从工作出发，而是基于某种感情的东西在进行比较……”

“请等、等一下……那样说是什么意思？”

“也就是说，虽然只是一次，不过，想把跟自己有过关系的女性推上主任的职位，我这样做……”

“什么呀……那样说太莫名其妙了吧！纯粹只根据工作能力和表现来选择不就行了吗？！”

美绪意识到自己情不自禁声音提高了几度，急忙喝下一口热红茶。

“嗯，话是这样说没错，我也清楚这一点……”

“不是的！你根本就没弄清楚！还说什么……”口中溢着红茶的清香，可是粗暴的话语却伴随着那股清香，不由自主地夺口而出。“……如果单纯从工作胜任不胜任来选择的话，这次升主任的应该是我对不对？那样做不就行了吗？事情都已经过去一年多了，干吗还要去顾忌那种事情哪？而且顾忌得一点道理也没有……为什么我就非得遭受这样的对待呢？这也太滑稽了吧！真是莫名其妙！……像这样，表面上说是公平，但结果呢，却反而变得更加不公平了不是吗？！”

“可人事科推荐的人选是山口啊。”

“可是，科长你……”

“我……所以，连我也不知道自己究竟是用什么标准来选择的。”

“什么嘛……简直太愚蠢了……”美绪不禁脱口说道。事实上，站在面前的科长，看上去就像是个老气横秋的中学生。

科长哑口无语。

美绪问：“没别的事了吗？”

“啊啊，嗯。”科长有些不知所措地点了点头。

“那我回去工作了。”

美绪转身离开了吸烟室。

只不过有过一夜的亲密关系，居然到现在还在拖泥带水地眷恋不舍。看来脑子里想得太多了反而不行，而像亮介那样，只用身体来做爱不就好了吗？再说，为什么就不能用对待男性下属的那种单纯的态度，来同等地对待女性下属呢？

穿过走廊时，佳乃从茶水间闪身出来，问道：“科长跟你说了些什么呀？”

美绪没有停下脚步，只在嘴里咕哝了一句：“……简直是愚蠢至极！”

佳乃连忙从后面追上去，拉着美绪的肩膀问：“什么呀？到底是怎么了？”

“……连地雷在哪里都搞不清楚哪！”美绪愤愤地说道。

“地雷？”

“……为什么偏偏是跟那种男人搞在一起呢……”

美绪狠狠推开办公室的门，围在山口昌司周围的众人一齐将目光投了过来。

“怎么了？”美绪歪着头问。

“啊，是关于办公桌移动的事，你说怎么办？山口先生说就这样不用移了，不过……科长要我们移一移……”麻耶小姐问道。

“那就移一移呗！”美绪朝低着头的山口说道。众人也一齐低下了目光。

“其实，只要山口先生同平井小姐互相调一下座位的话，大家就不用搬来搬去的了。”麻耶若无其事地说。站在美绪身后的佳乃接口道：“这样不也蛮好嘛。”说着在背后轻轻捅了美绪一记，美绪深深地叹了一口气。

既不是悔恨，当然也不是悲伤……是郁郁寡欢、百无聊赖，哦不，其实也没有那种高尚的感情。只不过是，对一切事情都感到厌烦罢了，对一切事情都觉得无所谓了。

坐在从东京信息港站驶出的电车长座上，美绪看着车窗外的站台一节节向后远去。站台的光景消失之后，窗外也随之昏暗下来，仅仅过了三分钟，电车便已抵达天王屿车站。时间实在太短促了，以至于美绪来不及在车中思考任何问题。

在天王屿站下车后，美绪叫了一辆出租车。不管搭乘多少次，也不管美绪如何不厌其烦地说明指引，竟然没有一个出租车司机能顺利地找到亮介的住所。

在公寓门前下了车，美绪抬头朝二楼的窗户望了望，窗户一丝光亮不透，而在平时的这个时间，房间里早该点灯了。

美绪事先没有同亮介联络过，因为这段时间以来，美绪常会故意不发短信就这样直接过来。

走上楼梯，果然见门后的厨房里也熄着灯，亮介好像不在家。美绪心想也许亮介在睡觉，于是试着敲了几次门，却只见隔壁的房门打开了，之前曾介绍认识过的大杉从门后探出头来。

“亮介他还没回来哩。”

大杉一面说一面用一块大毛巾擦着头发，大概是刚刚洗完澡。

“还在工作吗？”美绪问。

“嗯，他今天加班。你没有钥匙吗？”大杉反问道。

“没有。”

“我看大概还要再过一会儿才能回来……”

美绪正犹豫着该怎么办才好时，大杉说：“假如你不介意的话，可以在我屋里等他回来。”

“可是……”美绪向大杉的门缝里望了一眼。

“没关系啦，裕子她不在。”大杉笑着说。

“可是，要是被她知道你让我进房间的话，她会很生气吧？”

“嗯，大概会生气吧。”大杉老老实实地回答，惹得美绪扑哧一声笑了出来。

“谢谢你，不过没关系啦。”

“没关系？那你打算怎么办？总不能一直站在那里等啊，对吧？”

“嗯，我到车站那里去好了，找个咖啡店什么的消磨一会儿时间再过来。”

“走路去吗？这一带晚上可不适合女孩子一个人走路哦。”

“我知道……不过，出租车也叫不到吗？”

“我送你到车站吧？”

“啊，不用了。”

两人站在门口不紧不慢地说着话，刚刚洗完澡的大杉忽然打了一个很响的喷嚏。

“不用麻烦你啦，真的，没问题的。”美绪想让大杉赶快回房间里去，大杉却接着道：“没关系的啦，反正我也闲得没事，就陪你到车站散散步吧。”说着，重重地将房门一关，不一会儿，他身上套了一件运动衫，又走了出来。

“真的没关系吗？”

“没关系没关系，我正好闲着。”

美绪跟在大杉后面走下楼梯。

“从这里到车站蛮远的哪，到仓库倒是很近。”大杉自言自语地说。

“那，我们不去车站，到仓库去可以吗？”美绪问。

“可以是可以啦……”

“我想看看亮介工作的样子，不要紧的吧？”

听到美绪这么说，大杉脸上稍许显出一丝嫌麻烦的神情，但还是笑着答道：“没啥要紧的啦……不过，也就是开着叉车搬运东西而已嘛。”

在前往品川码头仓库的路上，两人聊着聊着，不知怎么的话题转到了亮介胸口的那道疤痕上。

美绪和大杉正越过港南大桥，一阵风掠过运河河面，吹乱了美绪的头发，美绪忙用手压住头发。眼前灯火辉煌的彩虹大桥迫在咫尺，那阵势就仿佛立时要朝这边倾倒过来似的。

“那家伙哪，竟然把火烧伤的事情告诉了那个叫青山萤的小说家。”大杉说道。

“是吗？”美绪问。

“美绪小姐也知道的吧？”

“知道什么？”

“就是他被火烧伤的事情。”

“知道啊，他跟我说过。”

“啊，是吗。跟你说说倒没关系，可是他干吗要去跟那个什么小说家讲嘛。”

“我听他说，他一到那个小说家面前，好像就会不知不觉地想把很多事情一股脑儿都说出来。大概是他们的频率正好对上了吧。”

“可是，告诉她的话，马上就会被她当作素材写进小说里的啊。”

“哦，被写进小说里了吗？”

“咦，你还没看到？”

“还没……”

“昨天刚刚上柜的。昨天一出来，裕子就跑去买来了。”

“啊，对了，昨天是出刊的日子嘛。”

走下港南大桥，拐进环卫工厂旁边黑黢黢的小巷子，不知是谁先开始的，两人都沉默下来。快步走出小巷来到大街上，路上空荡荡的，连个人影和车影都不见。不过，道路两旁灯火通明的景象，至少令人稍稍感觉到一点安心。

“大杉君平时是走路来上班的吗？”美绪问道。

“有时候搭坐亮介的助动车，有时候走着来……”

“这么说，那个备用的头盔原来是大杉君的啰？”

“怎么了？很臭是吧？”大杉笑着问。

“对不起。说实话，真的很臭。”美绪也笑着回答。

脚下的大路宛若电影中的布景一般，在路的前方，可以看见灯光明亮的集装箱堆场。记得第一次到这里来的时候，亮介曾告诉她：“这是为了防范偷盗，才把灯开得这么亮的，集装箱又没必要一整个晚上开着大灯照着的嘛。”

“大杉君和裕子小姐交往很久了吧？”走在鸦雀无声的路上，美绪不经意地问道。

“有五年了吧。”

“你们感情很好呢。”

“是吗？一般般吧。”

“真的很好啊。每个周末你们两人都是在一起过的，对吧？”

“因为我们两个都没有其他事情可做嘛。”

“不会吧？”

“是真的啦。那张脸早就看腻了，怎么会每个礼拜都想见到呢？可是，我也没有其他想做的事情，再说做这个也嫌麻烦，做那个也嫌麻烦，横想竖想，最后就只剩下那张看腻的脸孔了。嗯，换句话说，就是采取排除法啦。”大杉像是津津乐道似的发着牢骚。

“原来如此。用排除法来排除，最后排除不掉的就只有裕子小姐了。”美绪喃喃地说。

大杉看了美绪一眼。美绪以为大杉会不好意思地回几句，只见他嘻嘻地笑着，却什么也没说。

隔在道路和堤岸中间的铁丝网笔直地伸向前方。不知是谁丢弃掉的，几个便利商店的塑料袋袋口扎得好好地散落在路边，里面只装着空盒饭盒子。除此之外，还有一些印着裸体写真的周刊和漫画杂志，大概是卡车司机将车停在路边作短暂休息时从车窗随手乱扔的吧。

穿过进入仓库区的大铁门，眼前顿时就是宽阔的东京湾，而再往前面望过去，便能将台场的夜景揽入眼中。灯火璀璨的台场，就像是用光堆聚起来似的。

大杉在前面领着美绪走向一座仓库，但不是此前曾经和亮介两人共度一宵的那间，而是从彩虹大桥方向数过来第二间。

面向大海的大门敞着约一米来宽的缝隙，从仓库里面透出来的光线，径直射向漆黑的堤岸。光线在堤岸边终止了，终于没能射到更远的海面上。

“等一下。”大杉正准备走进仓库，美绪却阻止了他，“我想在外面偷偷地看一会儿，可以吗？”

“没关系的啦……”大杉无奈地笑着答道。

美绪藏身在冰凉的大门后面，从门缝往里面张望。到处散放着的货物当中，一辆黄色的叉车正穿梭其间，驾驶叉车的不是别人，正是亮介。只见他灵巧地操纵着方向盘和手柄，将货物放在升降叉铲前端，随后快速倒车将货物运到别处去。

“哎，这家伙又来了。”大杉在美绪身后嘀咕道。

美绪回过头来问：“怎么了？”

“活儿明明已经干完了，可是……你看，他现在还在把这边的东西搬到那边去。”大杉笑着解释。

“咦，把货物搬来搬去的不就是工作吗？”

“不是啦，只要把东西放下来就可以了，堆在哪里都一样的。”

听了大杉的解释，美绪再次朝仓库里面张望着。虽然乍看起来并不明白是怎么一回事，不过既然大杉这样说了，想必不会错吧，亮介似乎正在专心致志地做着本不需要做的事情。安全帽遮住了亮介的脸，因此无法看清他的表情，但远远地看去，亮介的样子却是十分认真的。

“……他说这样做，才会感觉心里平静些。”

"啊？"

听到大杉在背后的话，美绪又回过头来。由于一直盯着灯光明亮的仓库里看的缘故，眼前的东京湾突然显得尤为昏暗，就像个会将人吸入里面的黑洞似的。

"……他说，像这样把东西搬来搬去换个位置堆放，就会感觉心情平静下来。"大杉说，"……所以说嘛，亮介这家伙还真是有点怪哪。"

从海湾方向传来海浪拍打堤岸的声响。

"美绪小姐，你和那家伙在一起的时候，是不是有时会感觉到一种杀气腾腾的东西？"

"杀气腾腾的东西？"

"嗯，说杀气腾腾好像太夸张了点。怎么说呢……那家伙的视线笔直朝你射过来的时候，会让人有一点点浑身起鸡皮疙瘩的感觉。"

美绪沉思了片刻，答道："没有啊，我没有这种感觉。"

"……当然，我并没有说那家伙是个危险的男人喔。实际上，那家伙一点也不危险，而且作为一个朋友，很少有人像他那样好相处哩。"大杉又补充道。

"怎么了，你到底想说什么呀？"美绪笑着问。

"……哦不，其实也没什么啦。只不过看到他那样拼命地把东西搬来搬去的样子，就禁不住想起那件事情。"

"什么事情？"

"就是被火烧伤的事……不过，我是个男人，而你是个女人，我们对同样一件事情可能会有不同的理解吧。当我听亮介告诉我那件事情的时候，说老实话，我真的是太震惊了……怎么形容呢，哇！喜欢一个女人喜欢到那样的程度，真是不简单哪！要是换成我的话，肯定做不到。"

美绪不明白大杉究竟在说什么。"喂，你到底在说什么呀？"

"说什么……咦，你不是已经从他那里听说了吗？"

“我听到的是……他小时候，有一次玩火不小心被火烧到……”

大杉好像突然间意识到两人的对话牛头不对马嘴，于是急忙岔开话题：“啊，对……不过，我其实也不是很清楚啦。”

“真是的，既然已经说到这里了，你就把话说完嘛。”

“不是，我是说……”

“反正已经被青山萤写进小说里了，对吧？”美绪突然想到。

听到美绪这么说，大杉的表情又恢复了平静，仿佛在说：“对呀，说得没错。”

“不过，我也没听他好好讲过，再说，那个小说的内容到底有多少是真实的也很难说……”大杉先摆出一长套开场白。

“行啦，你就说吧。”美绪步步紧逼地催促道。

美绪站在高滨运河旁的便利商店的书报架前，两手颤抖地翻阅完了青山萤的最新一期连载小说。在品川码头堤岸旁边，大杉是从一长套开场白开始叙述的：“……其实，那家伙当时年纪还很轻哪，也就只有十八岁吧，完全还是一个不成熟的小孩嘛。”而接下来所叙述的情节，跟青山萤的小说中登场的故事，几乎就找不到一点不同之处。

美绪用简直要将杂志撕破的架势翻看着。商店里除了她之外，没有任何其他顾客，站在收银柜前的店员似乎无聊得很，不停地咬着指尖上的肉刺。

青山萤的连载小说《东京湾景》第三回，是从“仓田爱”发现了“理子”的真名之后，前往“永井英二”的住处揭发事实真相那一幕开始的。看来，是裕子将事情的进展情况一五一十全都告诉了青山萤。在薄薄的杂志页面上跃动着的字句以及对话，美绪都曾经在何处耳闻过。

“你叫小百合，对吧？”

身材骤然消瘦下去的仓田爱，用一种同样干瘦无力的声音突然说道。

“你打算用假名和英二交往到什么时候？！”仓田爱一面大声质问，一面用眼睛瞪着站在英二身后的理子。“英二你也真是的，这种连自己的真名都不肯告诉你的女人，到底好在哪里啊？！为什么我非得为了这种女人而忍受失恋的痛苦哪？！”

美绪焦躁不安、飞快地读着这些熟悉的情节。无论是在现实生活中也好，在虚构的小说世界里也好，被排拒在两个以心相许的恋人之外的女人总是悲哀的。假如自己没有和亮介相遇的话，假如自己在认识亮介以前就读到这部小说的话，自己究竟会对小说中的哪个女人寄予同情呢？应该不会是轻率地通过手机短信结识男友的“理子”吧，当然也不会是男友被人夺走、成天哀怨不止的“仓田爱”吧，那么，自己在这部小说里究竟扮演着什么样的角色呢？

高潮的一幕过去之后，小说的场景突然一变，插入了一段关于主人公“永井英二”的回放片段。

美绪重新用力攥着杂志，以至将杂志的页面都攥皱了。

昨夜，被理子无数次亲吻过的英二胸口上的疤痕，是在十八岁时被火烧伤所留下的。

“无论如何非去不可吗？”

十八岁的英二，穿起樱井老师在“佳世客”买来的丧服，同时很不情愿地问道。老师坐在梳妆台前，一面戴上珍珠项链一面对着镜子回答：“我们今后还要认认真真交往下去对吧？既然这样，你就必须要去呀。”

英二听后不禁吐了吐舌头。

英二高中毕业后，便立即与在学校担任语文老师的樱井彩子同居了。尽管汽车零部件工厂三班倒的工作十分繁重，但回到家里只要一见到老师，全身的疲惫顿时就烟消云散了。

然而，两人越是幸福，就越是感觉到周围人的态度冷峻得令人难以承受。樱井老师写给英二父母的信，总是拆也没拆便被原封退回，英二的父母亲还将儿子未考大学继续深造的责任完全归结于老师；另外，自从两人同居以来，樱井老师一次也没回过自己的娘家。

“难得妈妈叫我们回去一趟，这是个好机会呀，我总算可以把你正式介绍给他们认识了。”

老师戴上珍珠项链，坐在镜子前引颈顾盼，那张侧脸看上去实在是太美了。今年适逢老师的父亲七周年忌辰，就在法会的三天前，老师的母亲打电话来，要她带着英二一同出席法会。当时英二正躺在床上，他看到老师在电话里用几近哽咽的声音对母亲说道：“谢谢！”老师的母亲以前也是一名教师，看到身为教师的女儿竟然与男学生发生这种事情，做母亲的无论如何也不肯原谅。

事情就发生在法会之后的酒席上。英二安安静静地坐在酒席末座，耳边叽叽喳喳不断传来亲戚们的冷嘲热讽，就像浑身被针戳一般难受。而邀了英二前来的樱井老师的母亲，看到女儿的男友竟然是这么个年轻的小伙子之后，便一直呆在里头的房间里，几乎再也没有露面。

“那个就是彩子交往的男朋友？好像还是个小孩子嘛。”

“她老妈成天嘴里挂着‘我们家彩子如何如何’，一副很自豪的样子，谁知道彩子原来是这副德行啊，真是笑死人了。”

酒过三巡之后，客人们借着酒劲，说话愈加放肆和难听了。

“彩子也真是的，我看她肯定是以前被管得太严了，突然间紧箍咒一松，所以……这种晚开花的女人哪，一旦沉迷起色欲来可是不能自拔喔。”

“对呀，就像出麻疹一样，稍一接触就会发作。再说，年轻的男人不大靠得住，很快又会去找其他女人的吧。”

“喂，被彩子听到了吧？”

“听到就听到啦。她老妈成天说什么‘我女儿彩子怎么样怎么样’，那副得意洋洋的样子，还老拿别人家的孩来做比较，我早就看不惯了……今天就让我好好发一下牢骚嘛……什么了不起的女儿哟，跟比自己还小的男人谈朋友，而且还是自己的学生，嘁！简直让人笑掉大牙了……我看哪，她一旦把那个全身充满朝气的年轻男人弄上了手，怎么可能舍得再扔掉呢，女人要起手腕来可是了不得啊，尤其像彩子那种表面上看起来一本正经的女人……”

这样的对话不绝于耳，英二只感觉胸口一股怒气直冲脑门，他强自隐忍着，然而不知不觉中眼眶里却已经盈满了泪水。这些话听在耳里，仿佛就像在说老师纯粹是贪恋年轻男人的肉体而和自己交往似的。事实上，自己和樱井老师是基于一种崇高的感情而结合在一起的，而这些所谓的成年人，仅仅因为自己太年轻，便用那种下流的语言来玷污两人的感情。

就算没有这具躯体，老师也会一样爱我！我和老师之间，不只是肉体，连灵魂深处也是相通相连的！

英二这样想着，可是席间不堪入耳的对话还在继续。这时，英二突然从座位上站了起来，自己却丝毫没有意识到，席间众人一齐朝他投来鄙夷的目光。

英二起身一脚踢倒了身旁没有点着火的火炉，顿时屋子里响起了一片尖叫声和怒吼声。英二莫名地兴奋不已，他也不清楚自己究竟想干什么，只见他从被踢倒的火炉中拔出了灯油罐。

“英二！”英二听到樱井老师的叫声，可是他的动作却已经停不下来。

英二拿起灯油罐，打开盖子，将灯油往自己胸口淋下去。

“就算没有这具躯体，老师也会和我在一起！”他叫喊着。

被灯油淋湿的白衬衣紧贴在英二的胸口。英二又拿起桌上的打火机，点燃了火。席间不少女客人吓得发出尖叫声，纷纷向外逃去，慌忙间有人被挤倒，于是响起一阵更加凄厉的喊叫声。

打火机的火苗刹那间烧到了英二的衬衣上，英二闻到一股眉毛和头发被烤焦的糊味。此时，有人飞也似的扑了过来，借着一股强大的冲力，英二瞬间便被仰天摔倒在地上。紧接着，众人七手八脚地上来按住了英二，有的用手拍打他胸口的火焰，有的则用水泼在他身上。最后，英二被众人用湿漉漉的被子死死按倒在榻榻米上，动弹不得。

英二一面吃力地喘息着一面睁开眼睛，尖叫声怒吼声都已停止，屋子里一片寂静，只听到好几个人沉重的喘气声。这时，他才感觉到胸口一阵阵撕裂般的疼痛，鸦雀无声的屋子里只听见英二凄楚的叫声："好痛啊！痛死我了！"

整整犹豫了三十分钟，美绪一直拿不定主意要不要打电话，最后她还是拿起了电话话筒。本来也可以用手机打，但是因为手机在通话过程中经常会信号中断，或者混进去自己的回声，以至于自己想要说的事情对方听不真切，常常会问一句："真是这样的吗？"来加以反复确认。所以美绪想，这个电话还是不用手机打为好。

早晨起床时，美绪便下定决心。不，或许应该说，是星期一晚上在高滨运河旁边的便利商店里翻阅了《LUGO》之后，她心里就已经暗自作出决定，以后不再和井上幸治见面了，尽管两人仅仅以普通朋友相称。这不只是应不应该再和井上一起去看电影的问题，美绪觉得，自己之所以作出这个决定，一定是想借由这个决定来对另外的某件事情作一个重大决定吧。

美绪拿起电话话筒，一面看着手机里储存的井上幸治的号码，一面往他的手机拨通了电话。井上立刻接起了电话，用颇显担心的口气问道："怎么了？"此时离两人约定的时间不过三小时，井上大概也猜到了是取消约会的电话。

“对不起。”美绪劈头便道起歉来。

“去不了了吗？”

“嗯，我突然间有点事情，无论如何必须到公司去一趟……”美绪自己也不明白为什么要撒这种谎，但是却不由自主地脱口而出。

“噢，是吗。我正准备出门呢……”

“为什么？不是还早吗？”

“是早了一点，不过我住的地方还缺微波炉还有吸尘器什么的，所以打算在和你见面之前先去买来的。”

“真是太不好意思了。”

“没关系的啦。是工作嘛，对吧？那也没办法呀……”

“嗯……”

读了青山萤的小说之后，美绪这一个星期都还没有去过亮介的公寓。虽然亮介每天都会通过电话或是短信联络她，但美绪总是用一个小小的谎言来婉拒：“这个礼拜忙，见不了面。”记得大杉曾经说过，“我是个男人，而你是个女人，我们对同样一件事情可能会有不同的理解。”确实，如果仅仅因为年轻而被别人拿来嘲笑，就做出往自己身上浇油点火这样的事情，在男人的眼里或许实在是太不合常理，太愚蠢了。然而，美绪却分明感觉到自己的心灵被某种东西重重地撞击了一下，就跟这件事情让有的人感到好笑一样的强烈，它使亮介在美绪的心里由衷地变得可爱起来，而丝毫没有觉得他这样做可笑。

当然，美绪并不认为小说所写的全都是事实。不过，无论是真事也好，虚构也罢，青山萤的小说在美绪的内心产生了巨大的震撼，却是不争的事实，那种感受绝对不是虚假的。可是……为什么那天晚上自己不立时赶往亮介的公寓呢？为什么这一个星期来都一直和亮介避而不见呢？

“喂喂？”

话筒的另一端传来井上幸治的声音，美绪这才从愣怔中惊醒过来。“啊，对不起。”美绪慌忙向对方道歉。

“你怎么了？”井上关切地问道。

“不，没什么，对不起。”

“你怎么了嘛，从刚才起就一直不停地在道歉。”井上笑着说。

“……既然你这么说，大概真的是吧。”美绪也笑了起来。

“真的不用介意啦。再说那部电影好像一直要上映到这个月底哪……”

“嗯……啊，可是……”

“怎么啦？……你今天好像跟平时不太一样喔。”

“是吗？不好意思。”

“你看，又来了。”井上无奈地说道。真的，美绪这才意识到自己果然一张口便不知不觉地脱口说出“对不起”。

“那下个星期呢？”

“啊？”

“我是说今天不行的话，下个星期天怎么样？”

假如自己沉默不语，是没有人会替自己把心里想说的话说出来的。于是美绪握紧话筒，尽管控制自己用平静的语气说道：“其实……我……我觉得不能跟你一起去看电影。”

“为什么？”

“……该怎么说呢？虽然我们是老同学……”

“那又怎么了？”

“……到底要我怎么说好呢……说实话，读高中的时候，对你或许有一点喜欢吧。”

这么明白无误地向对方做出表白，这让美绪自己也吃了一惊。然而一旦将话说出口之后，便觉得以前好像真的喜欢过对方，但同时却又觉得，那仿佛是自己向壁虚造出来似的。

见电话另一端的井上沉默不语，美绪连忙又补充道："只有一点点喔，一点点。"

"……其实我那时也已经喜欢上你了，不过不是一点点，而是非常的喜欢。"井上小声地回答。

"可是你什么也没有跟我说过啊。"

"那是因为，那时候的你实在让人感到害怕啊。"

"我很可怕吗？"

"当然很可怕啦。你还记得吗，我们同班有一个叫小野田的女生？"

"是小野田久实吧？"

"对，就是她。她跟学校棒球队的一个男生交往，那家伙的名字我忘记了，后来她被那家伙甩了，你还记得吗？"

"嗯……好像有点印象。"

"小野田被甩了以后在教室里哭，周围围了一群女生安慰她，她就好像悲剧里的女主角一样。这时，坐在别的座位上的你突然毫不犹豫地走到她面前，冲她叫道：'够了，别哭啦！'接着你又说：'看你这副样子，让人觉得身为女人真是可悲啊。'"

"我说过这样的话吗？"

"当然说过啦。教室里的人全都目瞪口呆得说不出话来，然后你还教训道：'既然有开始，就注定会有结束，有什么大不了的！'你这么一说，在场所有的人为之哗然啊。"

"有吗？我怎么不记得……"

"当时我在旁边开玩笑地说：'我看平井美绪这辈子大概都不会有男人要了

吧。’结果你突然抓起小野田的铅笔盒，朝我脸上砸过来。你还记得吗？”

“……啊，我想起来了。”

“没错吧？所以你想，有哪个男生有勇气敢对这样的女生说出‘我喜欢你’这几个字呢？”

听了井上幸治的话，过去的记忆在美绪心里隐隐约约复甦了。美绪父母亲之间的感情不算坏，自己也不曾因为跟不良男人交往而受到家里的粗暴干涉，然而尽管如此，尽管她还从没有真心喜欢过男人的经验，但不知为什么，在美绪的内心深处总有一种印象，似乎男欢女爱之类的事情是虚伪和陈腐的。电视里放映的爱情连续剧总是无法让她产生共鸣，就连获得公众一致好评的恋爱小说，她也从未认认真真从开头读到结尾过，甚至还独自忿忿不满地想：这部小说根本就没有写到关于爱情的事嘛！有时候，美绪不禁自我怀疑道：自己对于爱情的定义和一般人所认为的爱情是不是南阮北阮、风马牛不相及？

“有一次，分公司经理……”

听到电话另一端井上的声音，美绪回过神来，“啊？”了一声。

“……就是你父亲，他半开玩笑半认真地对我说：‘井上，你要是还没有女朋友的话，愿不愿意跟我女儿相亲试试看啊？’当时我立刻就想起来你训斥小野田时的情景。读高中的时候就已经是那副德行了，现在的你还不更加愤世嫉俗、冷眼看世界啊？”

听着井上的话，美绪情不自禁地想起跟佳乃谈到亮介时自己所使用的措辞，当时自己的话听上去简直像是完全沉溺于亮介的身体，而不是沉溺于亮介的感情。现在想起来，那或许是自己潜意识中为将来做好的一种精神准备吧，这样，当两人分手的时候她就可以告诫自己说，其实并没有和亮介分手，而只不过是和亮介的身体分手而已。没错，自己不甘心成为小野田久实那样的女人，她既不能容忍那样的自己，更无法忍受那样的自己……

“不过，隔了这么长时间又能和你见上一面，我心里感觉舒坦多了……”井上在电话另一端继续说着。“……你好像找到了满意的男朋友，为了维护你们的感情，你甚至连和男性朋友一起去看电影都会有所顾忌……”

“其实我……怎么说呢，我一直认为男女之间心心相印、情投意合不过是一种奢侈的幻想罢了……一定是因为心灵无法相通，所以才会拼命追求肉体上的欢愉吧……我一直就是这样想的……”

美绪也不明白，自己为什么要将这些话告诉一个相隔多年再次重逢的老同学。虽然心里想着这些话应该说给亮介听才对，可是话一到口边便停不下来了。

“……所以，我一直期盼着能够遇到一个这样的人，他能够理直气壮地宣告说，我们的心与心是相通的，我们彼此是用心灵去爱对方的……真的，我一直在期盼着遇到那样的人……真的是有点愚蠢，不过我还是这样想。”

“后来，终于让你遇到了吧？”

“啊？”

“我是说，你终于遇到理直气壮那样说的人了吧？”井上说。

美绪好想听到井上再说一遍。然而，井上却话锋一转，说道：“……所以，你也不能跟我一起去看电影啦。”

“对不起。”

“唉，你看你又来了。”井上笑了。

一个星期之后，美绪事先没有同亮介联络，下了班便前往亮介的公寓。下了出租车，美绪抬头一望，看到亮介的房间里亮着灯，还看见了亮介在房间里走动的身影。

走上楼梯，敲了敲房门，从里面传来亮介的声音：“门没锁！”美绪打了声招呼：“我来啦！”然后便推开门。只见亮介站在里屋，正准备去澡堂洗澡。

“要去澡堂吗？”美绪一面脱鞋子一面问道。

“你要来的话，事先联络一声嘛。”亮介说着，从里屋走出来。“听说上次跟大杉一起到仓库来过了？”

“你才知道吗？”

亮介走到厨房，从冰箱里拿出一瓶乌龙茶，然后答道：“我是今天才听他说起的。我跟他讲起你最近有一段时间没来了，他就说：‘啊，也难怪，她一定是看了那个之后，受到不小的打击吧。’”

“看了哪个？”

“就是青山萤的小说啊。对吧？”

“你也读过了吧？”

“我没读，不过裕子把故事的大概讲给我听了。我是想和你说，其实你不用太担心那件事。”

“担心什么事？”

亮介用嘴对着瓶子“咕咚咕咚”喝下几口乌龙茶。

“就是……被火烧伤那件事情。假如你看了小说之后，觉得有点……怎么讲呢，你要是觉得有点紧张的话……其实你根本不用去在意的。”亮介一面用手背拭去从口角溢出来的水，一面回答，美绪则目不转睛地盯着他。

亮介一只手握着乌龙茶瓶子，另一只手拿起洗漱用品。

“你想跟我一起去澡堂吗？”亮介若无其事地说，同时将乌龙茶放回到冰箱里。

“哎，你说不用担心是什么意思啊？”

“就是……”

“难道那篇小说写的不是真的？”

“那倒不是，她写的是真的……反正那时候我还太年轻，现在回过头来看，简直是一场笑话。”亮介说着，推了一直站在玄关的美绪一把，自己也蹬上了那双脏兮兮的拖鞋。“要去的话就赶快走吧，不快一点的话澡堂要关门啦……去不去？”

亮介眼睛直直地看着美绪，美绪只好回答：“那，我也一起去吧。”

“哎，你说简直是一场笑话……”

亮介走在前头下了楼梯，美绪跟在后面朝他说道。亮介回过头来，似乎有点不耐烦地问：“怎么了？”

“可你当时是认真的，对吧？”

“当然啦，我是很认真的啊。我当时真是气得半死，血直往脑门上冲……不过现在再回头看，那时候的我也只会豁出自己的身体做这种愚蠢的事情……”

“不过也不能这样说啊……”美绪接口道。

走到楼梯口的亮介突然停住了脚步，美绪差一点撞到他的背上。

“……你是因为读了那个小说，所以才一个礼拜没过来吧？”亮介回过头来问道。看到他那副认真的神情，美绪忍不住“扑哧”一声笑了出来。

“是不是？因为那件事情所以才不高兴了？”

“我没有不高兴啊。”

“明明不高兴了嘛。”说着，亮介自顾自地往前走去。

美绪从后面追上去，挽起亮介的臂膀。“我说了没有不高兴嘛，我上个礼拜真的很忙，一直忙个不停呢……”

“喂，你不要再撒谎了好不好？”

“啊？”

美绪第一次听到亮介用这么冷淡的语气和她说话。由于来得太突然了，美绪情不自禁地想松开挽着他的手，但随即却又挽得更紧了。

“不管是谁，听到自己交往的男朋友以前曾用火烧自己身体的事情，都会觉得害怕的。如果是那样的话，就老老实实告诉我不就好了吗？那样的话，我也好把事情向你解释清楚啊……”

“等一下！我说过了，这两件事根本就毫无关系嘛。”

“那你为什么这个礼拜一直不来找我？”

“我不是说了吗，是因为……”

“因为什么啊？以前你不管工作多忙都会来的啊。”

“不是的……”

“不是什么啊？”

两人走出小巷子来到大路上，一辆卡车迅疾地从身边驶过。是一辆巨大的拖车，大到足以让人以为它可以将眼前的风景全都拖走似的。

“老实告诉你吧，其实我以前曾那样想过。”等拖车扬长而去之后，亮介突然开口说道。

“啊？”

“就是……应该怎么讲呢，虽然这样讲好像老掉牙了，不过我以前一直觉得，男女之间心灵和心灵相连的感情是最……应该叫作最‘崇高’的对吧？虽然那时候我还是个不大懂事的毛头小子，但是我真的是那样认真地想的。所以，当听到大家那样说的时候，就感觉那种崇高的感情被别人玷污了，所以就忍不住发起狂来……”

亮介等信号灯变换之后，缓缓地举步向前走去。美绪挽着亮介的胳膊也一起迈开步伐，不过她抬头看了亮介几次，亮介都没有朝她转过脸来。

“那你现在已经不那样想了吗？”美绪盯着亮介的脸孔问道。

“我已经完全不是那时候的小孩子了，懂吗？所以，我再也不会那样啦。你也不要去在意小说里写的那些事情了，就像以前一样，开开心心的就是了嘛。”

亮介故意避开美绪的视线，伸长脖子，将目光望向远处可见的“海岸浴场”。

“还好，招牌的灯还亮着。”

“哎，你等一下。你刚才说的那些话是认真的吗？”美绪用力挽住亮介的胳膊，亮介的脑袋随之晃动了一下，他撅着嘴回答：“是认真的啊。”

“你现在真的觉得男女之间不可能有心心相印的感情了吗？”

“没错啊。”亮介故意用玩笑的口吻回答，这使得美绪觉得有点冒火。“你自己不也是这样想的吗？”亮介反问道。

“我？为什么那样说？”

“这个嘛……”

亮介说到一半便住口不说了。看得出，他是有话想说，但却将后半句吞了回去。

“喂！你把话说完嘛！”

“……好好好，那我就说。确实，我是干了拿火烧自己身体的蠢事，但那个时候，我是认真的，我是真心喜欢那个人的！”

亮介的声音突然变得严肃起来，车道上的灯光投射在他的脸庞上。

“……那时候非常的爱她……可是，我那么的爱她，付出了我的真心……到头来还是分手，没有结果。不管做什么事情，人总归有一天会感到厌倦的，这不是自己能够左右得了的。有时候明明想要一直喜欢下去，可是心里头却已经不听使唤地觉得厌烦了……你说这世界上有什么事情是不会结束的？有吗？我看你也不认为我们俩的关系可以一直继续下去吧？”

这并不是美绪所期待听到的话。虽然美绪自己也不知道期待听到的是什么话，不过亮介现在所说的，跟美绪这一个星期以来一直想听到的实在是南阮北阮，天差地远。

“你、你到底在说什么啊？”

“对不起，我不应该这么大声说话。对不起。”

亮介抽回被美绪挽着的臂膀，缓缓地绕着肩膀甩了一圈。

“不过，我现在真是这么想的。所以，我希望你读了那个小说以后，不要因此而讨厌我。”

“等一下！”

大街上空无一人，更没有一辆车子行驶经过，却亮着成排的红色信号灯。

“其实，我读了那篇小说之后，觉得很受感动。感动之后，觉得……该怎么说好呢，我觉得能够遇到你真是太好了。可是，原来你却一直认为我们迟早也会分手，是不是？一面想着会跟我分手，一面却还同我在交往，是不是？”

“我、我可没那样说啊。”

“明明了说了嘛！你说过，付出那么多可最后还是分手了，没有结果。还说什么不管多么相爱，最后总归会感到厌倦的，没有什么事情是不会结束的……”

“我的意思……”

“太过分了！我们好不容易走到这一步，可你……”美绪说着，将亮介搭在肩头的手甩开。或许是甩得太重了，亮介也一下子绷起了脸，同时恶声恶气地说道：“难、难道你自己就没有那样想吗？！……我是打算跟你一直交往下去的，可是你为什么连自己真正的名字都不肯告诉我呢？……还同时跟其他男人约会……”

亮介说到这里又停住不说了。停了片刻，他又接下去说道：“算了，其实我对那种事情无所谓的啦。”

“你……你说什么！你把话说说清楚！”美绪拉住正要往前走去的亮介的手，由于用力太猛，一块肥皂从亮介拿在手上的脸盆里掉了出来。

“……以前你从我这里回家的时候，真理曾经跟踪过你对吧？那次礼拜天，下午快到傍晚的时候，你跟我说要回去工作了……你还记得吗？可是真理什么都看见了。她一直跟踪你，看到你在银座跟一个男人约会，最后还看到你们走进了银座的一家旅馆……真理她全看见了！”

“不是那样的……其实……”

美绪想为自己辩解，可是却一时说不出话来。

那是井上幸治为了工作调动作准备而来东京，入住在银座东武酒店时的事情。两人在银座的和光百货商店前碰面，一同去餐厅吃了顿饭，然后美绪跟着井上去了酒店，但目的只是了取回母亲托井上捎来的家乡土特产“筑前煮”[①]而已。拿到东西之后，两人很快便离开客房，在酒店的酒吧喝了几杯，然后美绪便同井上道别了。如果想要辩解的话，并不是解释不清的误会。然而，美绪之所以一句话也说不出来，却是因为亮介几个星期以来一直以为自己跟别的男人上床，并且带着这样的误会和自己拼命做爱。不，说得确切一点，美绪终于明白，原来亮介之所以比以前更加投入、更加激情万丈地和自己做爱，就是因为听了真理的话的缘故。

“不过，那种事情我是不会放在心上的……老实说，我抱着你的时候就知道了……我会知道你是真的喜欢我才和我做爱，还是只喜欢和男人做爱。这种事情，只要抱着女人的时候注视一下她的脸孔，不管哪个男人都会清楚的。不过，就算那样我还是喜欢你……就算那样，我还是想和你在一起。”

亮介说到这里便停住了，正准备迈出去的步伐又缩了回来。

“……有一次，真理不是到我宿舍来吗？就是特意跑来告诉我说你的名字是假名的那次。当时，她说还有一件事情要告诉我，其实就是我刚才讲的这件事情。后来我跟她又见过一次面，我把我自己的想法、心情全都跟她讲清楚了，和她好合好散。于是，她就告诉了我这件事情……”

“那……你当时是怎么说的？”

“我说……‘没办法。’”

“没办法？为什么？”

“我也不知道……只是，一时之间脑子里稀里糊涂就冒出那样的想法来了。”

澡堂就在眼前不远处。美绪走在亮介身后，越过亮介的肩膀，看见澡堂里的一位老婆婆掀开门帘走出来，将招牌的电源关闭掉。

“我现在非常生气，非常难过，有句话我一定要说出来让你好好听听，这是我的真心话。”美绪的眼睛直直地盯着亮介。亮介刚想把视线移开，美绪一把抓住他的肩膀，好让他的目光正视自己。

“……其实，我以前一直不相信爱情这回事，什么爱啦情啦的，我一直以为那都是恋爱小说或是电视剧中虚构出来的故事。看到有的女人为了爱情哭泣、烦闷，我觉得她们真是愚蠢极了。可是，我遇到你之后，我想大概我自己也会变成那样的女人，特别是读了那篇小说之后，我甚至真心希望自己能够成为那样的女人。真的，尽管以前觉得恋爱啦爱情啦都是愚不可及的，可是又为自己能够遇到这样的爱情而高兴……可是，一方面好害怕，一方面又想拿出勇气……”

说到这里，美绪再也说不下去了。由于憋足了劲将积蓄在心里的话说出口，以至于她眼泪都快要夺眶而出了。面对可以以心相许、心心相印的亮介，自己一直将真情隐藏不露是多么不应该啊。可是正当美绪打算将自己的心扉向亮介完全敞开时，他却给了自己当头一棒：说什么我跟你总归是要结束的，这实在让美绪感到伤心，她紧紧咬着嘴唇，说不出话来。

美绪身体好像僵住了一般，一步也走不动。亮介过来轻轻地拍了拍她的肩膀。

“好啦好啦，我已经全知道了。”亮介说着，一面试图窥察美绪的脸孔。

注① “筑前煮”：日本福冈地方的一种家常菜，将鸡肉略炒后加入胡萝卜、牛蒡、土豆、香菇以及砂糖、料酒和酱油等调味煮成。——译者注

“……你不知道！”美绪摇了摇头，无力地说道。站在通往品川码头、杳无人踪的寂静街头，美绪在心里用力地喊道：“你什么也不知道！”

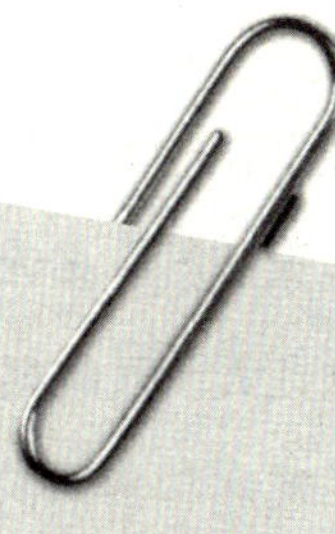

第六章

到台场

如同往常一样，站在二十三楼的吸烟室的窗前，可以一览东京湾对岸的品川码头。

美绪每天都会来这里数次，而每次又总是站在相同的位置，望向对岸相同的地方，以至于有时候竟会产生一种错觉，觉得对岸的码头一会儿靠近，一会儿又远离了。当然，这种超自然的事情是绝不可能发生的，不然自己也不可能悠然地站在这里抽烟了。不过，一直从同一个地方望着同样距离感的风景，真是说多无聊就有多无聊。

这几天，气候突然变暖。滨海公园的人造沙滩上开始聚集起不知从哪里来的亲子家庭和情侣们，他们就地铺开苫布，悠闲地享受着太阳的照临。看着孩子们赤脚走在浪花拍打的岸边那副心旷神怡的样子，从“幸”荞麦店刚吃完午饭的美绪也情不自禁地走下沙滩。不过，由于不方便脱下长筒丝袜，所以美绪只能站在远离浪花的潮湿的沙子上，沐浴着从东京湾上空吹拂而来的暖风。越过浪花的尽头，从沙滩上也能够望见对岸的品川码头，和从二十三楼的窗户远眺比较起来，感觉似乎更近一些。

“原来你在这里啊。”

美绪喝干纸杯中的红茶，刚准备回办公室去，背后突然传来佳乃的声音。回头看去，只见佳乃手里提着装有空盒饭盒子的便利商店的塑料袋子，一副羞赧的神情站在那里。

“你上午到哪里去了？”美绪问。

“嗯，我带着交接工作的远藤君在各处打招呼啊。”佳乃微微翘起嘴回答道。

虽然比预期晚了一个月，但佳乃总算下个星期就要辞职了。原本曾说过：“辞职以后我想好好悠闲一阵子”，但看样子婚宴还是得奉命举行，所以这段时间，她已经手忙脚乱地在着手准备了。

“真的很对不起，昨天突然有事……”佳乃手上吊着塑料袋，双掌合十，一个劲地低头道歉。

“好啦好啦，没关系的啦，你不用在意。”美绪笑着说。

昨天傍晚，佳乃和美绪约好了在银座见面，因为佳乃想送给曾经照顾过自己的同事一点谢礼，所以便让美绪陪她一起购买。虽然星期天没有什么特别的事情要做，但如果不是佳乃提出邀约的话，美绪本打算下午到公司来一趟的。

美绪稍微提前一点出了门，信步来到银座商店街。她在“荷马仕”、“路易·威登”、“普拉达”、“拉格洛瓦”等一间连一间的名牌专卖店逛了一圈，看中了一些物品，不过想到过会儿还要陪佳乃一起逛，然后两人一起在外面用餐，手头东西太多的话会很不方便，所以她只是把那些自己看上的鞋子和小饰件的价格记了下来，然后便走出店门。就在这时，接到佳乃打来的电话。距离两人约定的时间还有一个多小时，因此佳乃根本没料到美绪已经在银座了，开口便道：“你还在家里吧？”接着又以急若投梭般的语速连声地说道：“对不起了，真的对不起对不起！我今天真的无论如何都没办法去了。”

“怎么了啊？”美绪问。

佳乃解释道，原来她约美绪今天出来买小礼品时忘记了，其实今天已经约好跟婚庆服务公司谈婚礼事宜的，所以现在实在无法赴约。尽管这类放鸽子的事情早已不是头一回了，不过美绪还是有些生气，她嗔怪地说：“那你就改到下个礼拜再去谈好啦！”“可是，今天媒人太太也要来嘛。”佳乃用撒娇的口气答道。

“真是的，我人都已经在银座啦。”美绪叹了口气说。

“真的假的？对不起啦。”佳乃小声说道。

“我真的在银座啊！”

“实在对不起啦。”

两人有一搭没一搭地说了一阵话之后，美绪无可奈何地挂断了电话。突然，她心中涌起一个念头：看过上次本来跟井上幸治约好去观看的电影之后再回家。美绪自己也不清楚，是什么事情令她产生这样的念头，不过一旦决定了去看电影，对于佳乃临时爽约之事便也不再生气了。

“……后来，我自己去看电影了。”美绪站在窗前，望着对岸的品川码头说道。

“真的？”靠坐在窗台的佳乃抬起头来问道：“看的什么电影？”

“是米开朗基罗·安东尼奥尼的《蚀》，不过译制片的名字叫作《孤独的太阳》，真是老土。叫《蚀》不是蛮好的嘛，干吗非要翻成什么‘孤独的太阳’。”

“就是阿兰·德隆饰演股票经纪人的那部电影吧？”

“你也看过？”

“以前借录像带回来看过。不过内容太无聊，看到一半就睡着了。”

“无聊？”

“我觉得很无聊啊。我想想看，那个女演员是……莫妮卡·维蒂，电影就是从她和未婚夫分手的镜头开始的，对吧？两人在房间里走来走去的，也不说什么话，摄影机一直跟在后面拍，拖拖沓沓的，大概从那时候开始我脑子里的瞌睡虫就跑出来捣乱了。”

“你说什么呀，那一幕才叫精彩啊。未婚夫问她：‘爱是什么时候消逝的？’莫妮卡·维蒂回答：‘……真的，我不知道。’那一组镜头简直精彩得叫人浑身起鸡皮疙瘩哪。”

昨晚才看完电影的那股兴奋劲又苏醒过来，美绪对佳乃抒发起她的观感来。佳乃则用一副意味深长的神情，望着对岸的品川码头。

“怎么了？你在不在听吗？”美绪问。

“哦，没什么……”佳乃苦笑着回答。

在和亮介一同前往“海岸浴场”的途中，两人之间的对话一直朝着始料未及的方向进行着。直到澡堂打烊那一刻，两人才急急忙忙闯了进去，但洗完澡出来之后，不愉快的气氛仍然没能随热水一起冲走。

“你今天住我那里吧？”

一路上，两人之间几乎没有言语的交流，以至于亮介不得不特意确认一下。而他的态度却冷淡得不同往常，使得美绪禁不住反问道：“你希望我回去吗？”

两人没话找话地勉强交谈了几句，但不知从谁嘴里说出来的，最后说出来的却是：“够了够了……”气得美绪真想马上叫辆出租车回家。一想到被对方误会与井上幸治关系暧昧，并且亮介一直带着这样的误会与自己亲热，美绪不禁气馁，心似槁木死灰一般，比悲哀更加的无助。而且，亮介对自己的感受根本就不理解。

那天夜里，美绪最后还是在亮介的房间里过夜了，不过，两人却始终背对着背，直到天明。那一晚，美绪终于明白自己是从心底里爱着亮介的，可是和亮介躺在同一个被窝里，美绪却第一次独自入眠了。从那一夜至今，已经过去了一个星期，而在这一个星期里，美绪还没有收到过亮介的任何信息。

“我觉得，如果知道太多事情的话，也够讨厌的呢。”佳乃突然说道，同时从坐着的窗台上站了起来。

“嗯？什么？”一直望着对岸的美绪问道。

“我是说，如果任何事情都事先就知道了结局的话，那活着一定很受罪吧。”

“你在说什么呀？你指什么事情？”

“就是那部电影啦，《蚀》。那部电影说的不就是这个道理吗？虽然我看到一半打瞌睡了，迷迷糊糊的，不过我突然想起来这一点。”

说完，佳乃提着装有空盒饭盒子的塑料袋，准备离开吸烟室。美绪也将手上的咖啡纸杯丢进垃圾筒，再次朝东京湾对岸望了一眼，然后起身离去。

……我那么爱她，可到头来还是分手了。不管做什么事情，人总归有一天会感到厌倦的，这不是自己能够左右得了的。有时候明明想要一直喜欢下去，可是心里头却已经不听使唤地觉得厌烦了……

美绪正从后面追着佳乃走过走廊时，忽然感觉背后好像传来亮介的声音。声音是从吸烟室的窗外，那灰惨惨、阴沉沉、雾气迷蒙的东京湾上空飘过来的。

“佳乃！我有件事情想请你帮我拿个主意，我这辈子都会对你感激不尽的。”

美绪无意识地伸手抓住了走在前面的佳乃的肩膀。佳乃转过身来，一脸诧异地问道：“什、什么事情呀？”

“你说我是就这样和他分手的好，还是应该再和他好好谈一次啊？”

“那种事情你自己决定啦。”

“我就是自己没办法决定才觉得苦恼嘛。求求你，帮帮我啦。”

“那你想怎么办呢？”

“我……”

“就算你们俩恢复到以前的关系，你还是觉得两人迟早会分手，是不是？你们就是因为害怕结束，所以才一直不敢真正的开始，对不对？”

“可是，我们已经开始了呀。”

“开始什么啦？你和亮介君根本就是还没开始嘛！因为害怕结束，所以两个人就一直闭着眼睛不去正视对方，还自以为陷入了爱情。除了亲热、做爱，你们根本就没有恋爱过嘛！”

佳乃情不自禁提高了嗓门，随即慌忙朝四环顾，幸好长长的走廊上只有一扇扇关闭的房门，没有一个人影。

那天晚上，美绪给亮介打去电话。电话铃声响了一阵之后，才听见亮介用冷淡的声音应道：“喂喂？”

“这个礼拜六，可以见个面吗？”美绪问。

“可以啊。”亮介沉默了一会儿答道。

“那天晚上，或许是我自己抱了太多的期待吧。”美绪说。

亮介什么话也不说，于是美绪继续说道："人们不是经常说，所谓地久天长的爱情根本就不存在吗？……我想，其实我也懂得这个道理……不过，读了那篇小说，却好像感到里面那个亮介的化身在对我说：不是那样的，世间还是存在永恒的爱情的。当然仔细想想，那只不过是一篇虚构的恋爱小说啊，而恋爱小说，就是只写所谓的有情人终成眷属，至于男女结合之后，两人彼此感到厌倦啦分手啦等等情节是不会写出来的。"

美绪也不清楚自己究竟想说什么，但是有一点却很清楚：如果不拼命说点什么的话，自己随时都可能挂断电话的。

接下来，两人开始确认什么时间以及什么地点彼此都较方便。

"六点钟怎么样？"亮介问。

"好啊。"美绪一面回答，一面觉得那个时间自己或许会待在家里。"在银座的SONY大厦前面可以吗？"亮介又问道。"好的，我知道了。"美绪回答的同时，心里却不知怎么的有种预感，似乎自己不会去那儿的。

放下电话，美绪赶紧在日历上用红笔做了个记号："银座SONY大厦前，六点钟。"

米开朗基罗·安东尼奥尼的电影《蚀》，是从罗马某新建住宅小区内一幢摩登寓所内开始展开故事情节的。虽然是黑白电影，但观众还是能够很清楚地知道天色在慢慢发亮。男女主人公各自坐在房间的一隅，从夜晚到黎明，进行着冗长而不投机的分手前的对话，以至于两个人都显得相当疲倦。

"我一直想让你幸福。"男主人公里卡多说。

"可是，我一直都不幸福。"莫尼卡·维蒂饰演的维多利亚答道。

"爱是什么时候消逝的？

"……真的，我不知道。"

"为了你，我什么都可以做啊。"

“求求你，不要再管我的事了。”

“你是不是有其他男人了？”

“我不是跟你讲过好几次了吗？不是那样的啦。”

“那到底是为什么呢？”

“……我不知道。”

维多利亚走出房间。清晨，住宅小区内整齐的道路上空无一人。维多利亚在打扫得过于干净齐整而显得冷森凄清的道路上缓缓地走着。

……

在和亮介约定的星期六之前，美绪几乎每天都加班。

原本美绪只是想，星期六自己或许不会前往约会地点，但是这种疑念却慢慢地变成了对亮介会不会赴约的怀疑。就像自己认为去了也是无济于事一样，美绪忍不住揣测道，或许亮介也会认为去了也是无济于事的吧。不管自己怎样解释，亮介总是以为自己怀里抱拥的，是一个同样被别的男人抱拥过的女人，或许正是因为这样，亮介在做爱时才特别的激情迸发。就连曾经是那样深爱过的樱井老师，亮介最后都不免感到厌倦，这已经使得他再也不相信自己的心，更不相信任何的爱了。美绪觉得自己和亮介之间有着几分相似，怀着这样想法的两个人，一直假装若无其事地在一起，现在却要一本正经地约会，还能指望会有什么展开呢？或许有的人会说，只要两人从中享受到欢愉就行了，将来的事情不必考虑太多，抓住两人在一起的短暂时光，及时行乐吧。不过，对美绪和亮介来说，欢愉的时光已不算短暂，除了认真考虑两人将来的事情以外，他们别无选择。

那天清晨，与未婚夫分道扬镳的维多利亚，在母亲经常光顾的证券交易所遇见了阿兰·德隆饰演的年轻的股票经纪人彼埃罗。电影画面从静默无声的新建住宅小区一室，跳到了人头攒动、如痴如狂的证券交易所。

在那里邂逅的两个人，一点一点的，难以抗拒地被对方身上的诱惑力吸引过去。

“过了这个路口，我要吻你。”年轻浪漫的彼埃罗说。维多利亚突然停在了斑马线中央。

“可是还没有过啊。”

走在再普通不过的人行道上，顶多是两人手牵手而已；在随处可见的咖啡店里，仅仅是一起喝着咖啡而已；在不算特别漂亮的草坪上，就那么并肩躺卧着歇息而已——尽管不过如此，彼埃罗却说：“感觉就像是身在外国啊。”

“只要和你在一起，就会有这种感觉。”维多利亚也这么答道。

有一天，彼埃罗带维多利亚回到自己家。那是一幢宽敞、豪奢的大宅第，墙壁上装饰着精美的绘画，从窗户可以看到楼下精巧的铺着石板的街道。

“你就住在这里吗？”维多利亚问。

“这里是我出生的地方。”

“那现在住的地方呢？”

“住在一间公寓里，很窄小……”

“为什么不带我去那里呢？”

“这个嘛……”

星期六下午，美绪抽空将房间打扫了一番。忽然想起之前在“康兰家饰”[①]

注① “康兰家饰”(Conran Shop)：欧洲顶级家居用品商店，由英国特伦斯·康兰爵士—Sir Terence Conran>创立于1973年，标榜“good life”，以出售著名设计师的经典作品、年轻新锐的前卫之作和独家专属设计商品而闻名，引领简约而时尚的家居理念，风靡伦敦及欧陆各地。——译者注。

买的花瓶还没有拿出来用过，于是又专程到车站前的花店，买回一束白得耀眼的百合花插到花瓶里。

插着百合花的花瓶装饰在客厅的桌上，一股清雅的香气弥漫了整个屋子。美绪看了看时间，已经过了四点半了。如果再不准备出门的话，六点钟的约会就要迟到了。

正当美绪化着妆的时候，电话铃响了。美绪顿时有一种不祥的预感，心想大概是亮介打来告诉她“去不了”的电话吧。美绪犹豫了一阵没有去接，在即将转成录音留言之前才拎起话筒。原来不是亮介打来的，是附近新建公寓的广告电话。

走出家门是五点刚过一点。顺利的话，可以比约定的时间提早十五分钟左右到达那里。

在休息日的办公室里、在家里的沙发上、在马路的人行道上，维多利亚在各种场所与热情似火的彼埃罗接吻。有时隔着玻璃窗，两人嘴唇对嘴唇地叠合在一起，然后，维多利亚便会惬意地沉浸在彼埃罗充满激情的爱抚中。

维多利亚正准备离开办公室回家时，彼埃罗在门前将她一把抱住。被紧紧拥抱着的维多利亚露出了前所未有过的恍惚神情，同时也用力抱紧了彼埃罗。

“明天也见面吧。”彼埃罗说道：“……明天也见，后天也见。”

“大后天也见，大大后天也见。”维多利亚回答。

“再下一天也见。”

“今晚也见。”

“八点钟，在老地方。”

彼埃罗低声说道。维多利亚用手轻抚着他的脸颊和嘴唇。

然而那天晚上，两人并没有出现在约定的地方。电影的最后，出现在银幕上的只有这个极其平常的约会地点，这个原本应该两人出现在这里的地点，只有这个被两人称之为“老地方”的人行道，被变换各种角度反复地出现在银幕上而已。有人经过“老地方”，有公交巴士停靠在“老地方”，而他们却不像是会从公交巴士上下来。只有这个“老地方”反反复复地出现在银幕上，电影就这么结束了。

“……恐怕今天是最后一次像这样子从背后叫你一声了。一想到这里，真是让人禁不住感慨万千哪！”

背后传来佳乃的声音。美绪故意背对着佳乃，一直等到听她把话说完。然后回过头来，只见佳乃已经跟上司和办公室同事打完招呼道过别，不同往常地穿着一身正式套装，手里抱着一个大大的袋子站在眼前。

“我还以为没放多少私人物品在这里，结果你瞧，还真不少呢。”佳乃两手抱起大大的袋子给美绪看。

“今天终于要结束了啊。”

虽然好几个月前就已经知道了，然而一旦将离别的话说出来，心头还是不免感到些许的落寞和伤感。

“不过，反正我的结婚典礼和之后的喜宴还要请你帮忙，所以和你还是会经常碰头的呀。”

美绪和抱着袋子的佳乃两人站在自动售货机前说着话，坐在吸烟室稍远处的营业部的鹿岛主任也同佳乃打了个招呼：“喔，你今天是最后一天上班啊？”

“承蒙您多照顾啦。”佳乃深深鞠了一躬答道。然后转过身，背对着鹿岛主任，偷偷张开嘴巴示意道：“总算不用再看见他啦。”美绪忍俊不禁“扑哧”笑出声来，随即掩饰地问道：“要喝点什么吗？”说着转身面向背后的自动售货机。

“哎，美绪，你还不走吗？”

“嗯，等一会儿还要开会。”

“是吗……我本来想，要是你已经可以下班的话就和你一起走的。”

美绪按下红茶的按键，回过头来，只见鹿岛主任掐灭烟头后走向佳乃，拍了拍她的肩膀说了声：“你辛苦了。”说完便走出了吸烟室。

美绪目送着主任离开之后，向佳乃说道：“不好意思，今天恐怕会待到很晚。”

“……对了，亮介君还没有和你联系过吗？”佳乃一面从自动售货机里取出红茶，一面问美绪。

“……嗯，没有。”美绪说着在窗台上坐了下来。

“唉，明明是你约他的，结果你自己却放他的鸽子，亮介君当然会生气啦。”佳乃在美绪身旁一屁股坐下，摇着头说道。

其实星期六美绪到了银座，不过却终究没有前去约定的地点。为什么没有去，连美绪自己也不明白。比约定的时间提前十五分钟左右到了银座之后，美绪的脚步不由自主地朝几天前观看过《蚀》的电影院方向走去。从老远就便可知道，《蚀》的上映档期已经结束，换上了其他电影，道路两旁树立的广告牌上，张贴的都是台湾青春片的大幅海报。

美绪转身返回来时的方向，去搭乘地铁。此时距离约定的时间只剩五分钟。在前往地铁车站的途中，美绪一路上都在暗自期盼着能与亮介擦身而过，亮介会随后追赶而来，然而直到乘上地铁，地铁门紧闭的那一刻，也没有任何人影从门缝中挤进来。

那天晚上，美绪心里一直想着亮介会不会打电话来，可是电话铃声始终没有响起。发了数次短信去探询，结果仍是杳无音信。

就像从自己的角度来说，没有赴约便等于做出某种答复一样，对于亮介来说，这大概也算是他的一种回答吧。现在，对方已经用不着因为自己没有按时出现在约定地点而担心了，当然也不会因为自己出现在约定地点而感到欣喜。喜欢上一个人的感觉是甜蜜的，然而这种甜蜜的感觉总归会渐渐淡漠的，有时是男人先淡漠了，有时女人也会先变得淡漠的。感情先变得淡漠的一方竭力摆脱另一方的缠绵，而感情依旧不变的一方，仍执著地试图找回能够证实这段爱的证据。

然而这一次，却是自己和亮介同时都变淡漠了，于是，就没有人再继续寻找并述说那份爱了。

拿在手上的手机响了。美绪心想一定是办公室的同事找自己吧，打开一看，屏幕上来电显示的名字却是“亮介”。

“对不起，我接个电话。”

美绪向佳乃道声歉，然后走远几步才接起电话。但由于吸烟室并不是太宽敞，即使离开几步，声音还是清晰地传得到佳乃的耳朵里。

“喂喂！”美绪的声音有些紧张。

“……是我。”是亮介的声音。

“嗯。”美绪点点头。

看起来，这个电话应该不是为了责怪星期六的事情而打来的。

“不好意思。”电话里传来的是亮介低声的嗫嚅。一时间，美绪有点摸不着头脑，于是“啊？”地反问了一句。

“礼拜六，没跟你联系就……”亮介的声音含混不清。

“礼拜六？”

“我本来是打算要去的，不过，临到要走的时候，突然双脚沉重得走不动……”

“哦？难道说你也……”

“咦，你也没去吗？”

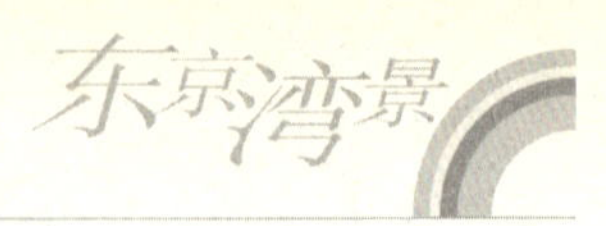

“对不起。”

“啊，没关系，反正我也没去嘛……原来你也没去啊？”

“我那天到了银座，可是……”

“是不是觉得我不会去？”

“为什么？你是觉得我不会去吗？”

美绪朝佳乃瞥了一眼。虽然佳乃刻意地背过脸去，但想必还是听到了两人的对话。美绪本想到走廊去通话，可不知为什么双脚却一动也不动。美绪转身朝窗外望去，只见天空映出一片霞光，被夕阳染成橙红色的东京湾前方，亮介所在的对岸品川码头清晰可见。

“总觉得……我们好像……从一开始就是这样。”

“嗯？”听到亮介这么说，美绪反问道。

“我是说……我们最初是通过手机短信联系，所以可能也没办法，可是……我们好像一直就是在互相试探对方……虽然都一直在想相信对方，可好像总是做不到……”

美绪一面听着亮介说话，一面走近窗边。

“真的是这样，可到底为什么呢？”美绪下意识地脱口而出道。这是她最率直的反应，虽然她也明白这个问题没有答案，但她却很想知道为什么没有答案。

“你现在在公司吗？”亮介问道。

“嗯。你呢？”美绪也问道。

“刚刚下班，现在正站在堤岸上朝你那边看哩。”

“真的？我现在也站在窗户旁边，望着你那边呢！”

“那，你看得到我吗？”

美绪将脸贴近玻璃窗，眯起眼睛想看个分明，但到底还是无法清楚地看到对岸的人影。

“嗯，如果……我现在从这里游到对岸去见你的话……你会一直呆在我身边，直到我对你厌倦了为止吗？”

“你说什么哪？你也未免想得太美了吧？”

“……那，如果我现在跳到海里，从这里游过东京湾，游到你……游到美绪你身边的话，你肯……永远喜欢我吗？”

亮介的话清清楚楚地传进了美绪的耳朵里。虽然美绪知道这是开玩笑，但仍然强烈地感到仿佛有个东西在她的胸腔深处拨动了一下。或许，是因为亮介第一次称呼自己的名字“美绪”的缘故吧。

“好啊。假如你真的从那里一直游过来的话，我一定永远喜欢你！”美绪故意用极其认真的口吻回答。

透过云缝，西下的夕阳红彤彤的，仿佛熟透了的苹果一般，眼看就要钻入大海里。

“说话算话？”亮介也用认真的口吻说道。

“嗯，说话算话，一言为定。”美绪点了点头。

“真的一言为定喔？”亮介笑着道。

“一言为定。”美绪也笑了。

“嘟——”的一声，电话挂断了。“喂？喂喂！”美绪对着话筒喊道，但是听不到对方的应答。

美绪明白，自己脸上清楚地漾满了笑意。

关上手机之后，美绪朝佳乃望了一眼。佳乃立即笑着说：“看来你们还不算糟糕嘛。”

“他说要游过来。”美绪应道。

“谁？”佳乃歪着脖子问。

“亮介。”

“从哪里游过来？”

“说是从东京湾对岸游到这里来。”

两人不约而同地抬眼望向窗外，随即又转回头来面面相觑。

“怎么可能嘛。”佳乃笑着说了声，美绪也跟着笑道：“是啊，怎么可能呢。”

佳乃将喝剩的半罐红茶往美绪手里一塞，然后站起身说道：“那么，我差不多该走了。真的多谢你的关照了。”佳乃一本正经地行了一个鞠躬礼向美绪道谢，美绪也弯腰致谢：“哪里哪里，我也要好好谢谢你才对呀。”说着，两人吃吃地对视而笑。

两人正要一同走出吸烟室，佳乃忽然想起了什么：“啊，对了对了……”一伸手，从挎包里拿出一本《LUGO》。

“刚刚去买的。青山萤的连载小说从这期起好像要暂停一段时间了。”佳乃一面说，一面将杂志递给美绪。

“为什么？是不是发生了什么事情？”

“好像是突然间灵感没了，写不下去了。里面登了一则道歉启事，记得好像有一句是：‘我的心还没有真的受伤过……’”

穿过走廊走向电梯间时，美绪又转身朝背后望去。只见窗外的天空被夕阳染得红霞漫天，在那片灿烂的天空下，是宽阔美丽的东京湾。

微微闭上眼睛，脑海里浮现出亮介真的从品川码头的堤岸上跳入大海，拼命地游过东京湾的身影。美绪感觉到，原本没有料想到会朝自己游过来的某样东西，此刻正直直地朝自己游了过来。那不是亮介，而是亮介身上的某样东西，此刻它正越过东京湾的阻隔，朝着自己笔直地游过来了……

（完）